Lexicón Políglota De Arqueología

Polyglotte D'Archéologie

Políglota De Arqueologia

Multilingual Of Archaeology

Nancy R. Santiago Capetillo, Ph.D

CABALLERO EDITORES

Lexicón Políglota De Arqueología

Polyglotte d'Archéologie / Políglota de Arqueologia / Multilingual of Archaeology

Nancy R. Santiago Capetillo, Ph.D

Primera Edición – 2013

Copyright©2013–Nancy R. Santiago Capetillo

Foto de la Autora: Caballero Editores

Fotos: Archivo Caballero Editores

—Museo Universidad del Turabo

—Instituto de Cultura Puertorriqueña

Arte de Portada – Publica Tu Libro

Editor Ejecutivo – M. Pérez-Cotto

Caballero Editores

caballero.editores@gmail.com

facebook.com/caballero.editores

twitter.com/caballero_edit

San Juan, Puerto Rico

Se hallan reservados todos los derechos. Sin autorización escrita de la Casa Editora o del Autor, queda prohibida la reproducción total o parcial de esta obra por cualquier medio, mecánico, electrónico u otro, y su distribución mediante alquiler o préstamos públicos.

Indice / Index / Indice / Index

Dedicatoria - IV

Oda Al Diccionario - V

Agradecimiento / Reconaissance / Agradecimento / Appreciation - VII

Breve Historia De La Arqueología / Brève Histoire De L'archéologie / Breve História De L'arqueologia / Brief History Of Archaeology - 9

Lexicón / Lexicon / Léxicon / Lexicon - 19

Apéndice / Annexe / Apêndice / Appendix - 71

Trabajos Citados / Trabalhos Citados / Travaux Cités / Cited Works - 94

Bibliografía / Bibliografia / Bibliographie / Bibliography - 97

Sobre La Autora / À Propos De L'auteur / Sobre A Autora / About The Author - 109

¡Síguenos! / Siga nós! / Suivre nous! / Follow us! - 110

Caballeros Editores - 111

A Lilith Olivia,
con todo el amor de abuela.

ODA AL DICCIONARIO
Pablo Neruda

*Lomo de buey, pesado
cargador, sistemático
libro espeso:
de joven
te ignoré, me vistió
la suficiencia
y me creí repleto,
y orondo como un
melancólico sapo
dictaminé: "Recibo
las palabras
directamente
del Sinaí bramante.
Reduciré
Las formas a la alquimia.
Soy mago".*

El gran mago callaba.

*El Diccionario,
viejo y pesado, con su
chaquetón
de pellejo gastado,
se quedó silencioso
sin mostrar sus probetas.*

*Pero un día,
después de haberlo usado
y desusado,
después
de declararlo
inútil y anacrónico camello,
cuando por largos meses, sin
protesta,
me sirvió de sillón
y de almohada,
se rebeló y plantándose
en mi puerta
creció, movió sus hojas
y sus nidos,
movió la elevación de su follaje:
árbol
era,
natural,
generoso
manzano, manzanar o
manzanero,
y las palabras,
brillaban en su copa inagotable,
opacas y sonoras,
fecundas en la fronda del
lenguaje,
cargadas de verdad y de
sonido.*

*Aparto una
sola de
sus
páginas:
Caporal
Capuchón
qué maravilla
pronunciar estas sílabas
con aire
y más abajo
Cápsula
hueca, esperando aceite o
ambrosía,
y junto a ellas
Captura Capucete Capuchina
Caprario Captatorio
palabras*

que se deslizan como suaves
uvas
o que a la luz estallan
como gérmenes ciegos que
esperaron
en las bodegas del vocabulario
y viven otra vez y dan la vida:
una vez más el corazón las
quema.

Diccionario, no eres
tumba, sepulcro, féretro,
túmulo, mausoleo,
sino preservación,
fuego escondido,
plantación de rubíes,
perpetuidad viviente
de la esencia,
granero del idioma.
Y es hermoso
recoger en tus filas
la palabra
de estirpe,
la severa
y olvidada
sentencia,
hija de España,
endurecida
como reja de arado,
fija en su límite
de anticuada herramienta,
preservada
con su hermosura exacta
y su dureza de medalla.
O la otra
palabra
que allí vimos perdida
entre renglones
y que de pronto
se hizo sabrosa y lisa en
nuestra boca
como una almendra

o tierna como un higo.

Diccionario, una mano
de tus mil manos, una
de tus mil esmeraldas,
una
sola
gota
de tus vertientes virginales,
un grano
de
tus
magnánimos graneros
en el momento
justo
a mis labios conduce,
al hilo de mi pluma,
a mi tintero.
De tu espesa y sonora
profundidad de selva,
dame,
cuando lo necesite,
un solo trino, el lujo
de una abeja,
un fragmento caído
de tu antigua madera
perfumada
por una eternidad de
jazmineros,
una
sílaba,
un temblor, un sonido,
una semilla:
de tierra soy y con palabras
canto.

Agradecimiento / Reconaissance / Agradecimento / Appreciation

Al Instituto de Cultura Puertorriqueña, por permitirnos tomar las fotos que aparecen en este trabajo, en especial a las arqueólogas Laura Olmo Frese y Luz Verónica Muñoz.

※ ※ ※

"Desde el siglo XVIII las sistemáticas expediciones científicas organizadas a territorios desconocidos habían establecido un banco de datos sobre los hombres, sus costumbres, así como de la flora y fauna."

※ ※ ※

"Depuis le XVIIIeme siecle les expéditions scientifiques systématiques organisés aux territoires inconnus ont etabli une banc de donées sur les hommes, leur habitudes, ainsi comme de la flore et la faune."

※ ※ ※

"Depois le século XVIII as expediçãos científicas sistemáticas organizadas em os territórios desconhesidos haviam estabelecido um banco de dados sobre os homems, a suas costumes, mesmo que da flora e a fauna."

※ ※ ※

"After the XVIII century, the systematic cientific expeditions organized at unknown territories had established a data bank about men, his costumes, as also about the flora and fauna."

Silvia T. Hernández Godoy
y María del Carmen Godoy Guerra

Breve Historia De La Arqueología
Nancy Santiago Capetillo, Ph.D

La investigación arqueológica[1] en las Antillas Mayores tiene una historia que se remonta al siglo XVIII, de forma documentada. Sin embargo, sus comienzos están en el coleccionismo y anticuarianismo locales. En su mayoría, los proyectos iniciales consistieron de exploración y excavación de yacimientos arqueológicos desde diversas perspectivas, sin realizar un registro científico ni contextuar los hallazgos, de acuerdo con la intención de cada cual (Dacal Moure y Watters 2005).

La arqueología, como ciencia, tiene su origen en los grandes descubrimientos del siglo XIX. Esos descubrimientos causaron gran impacto sobre la comunidad académica en Europa y Estados Unidos. Los jeroglífos egipcios, por ejemplo, fueron objeto de gran estudio, pero no es sino hasta que se descubre la Piedra Rosetta que Jean-François Champollion (1790-1832) pudo tener la base para descifrarlos en 1822, tras catorce años de trabajo (Ceram 1986). Similarmente ocurrió con Henry Rawlinson (1810-1895) y el desciframiento de la escritura cuneiforme. Desde Yucatán, México, John Lloyd Stephens (1805-1852) y Frederick Catherwood (1799-1854) desvelaron al mundo las ruinas de la cultura Maya, dando cuenta de inscripciones jeroglíficas similares. Estas inscripciones se decifraron para la década de 1860 (Renfrew y Bahn 1998). Aunque Catherwood y Stephens se llevan el mérito de la apertura a la sociedad de la cultura maya, desde 1794 el capitán Guillermo Dupaix había escrito un álbum arqueológico ilustrado (López Luján s.f.), y en 1808 Antonio del Río realizó excavaciones y lo documentó con su *Descripción de la ruinas de una ciudad antigua, descubierta cerca de Palenque, en el Reino de Guatemala, en la América española* (Del Río 1822).

Estos documentos, así como los de autores como Benito Jerónimo Feijóo (1676-1764), Baltasar Jaime Martínez Compañón (1937-1797), José Antonio Alzate y Ramírez (1737-1799), José Antonio Calderón y Antonio Bernasconi[2], no fueron tomados en consideración para recibir el mérito correspondiente de ser actividades arqueológicas previas a las de

---

[1] Ver Trabajos Citados en la página 71.

[2] Calderón y Bernasconi recibieron la encomienda de investigar las ruinas de Palenque en 1784 (Maudslay 1974).

Catherwood y Stephens para los escritores sobre arqueología como Glyn Daniel, Gordon Willey y Jeremy Sabloff, Brian Fagan, C. W. Ceram y Bruce G. Trigger (Alcina Franch 1995).

La evolución, el desarrollo y las teorías para explicar el proceso arqueológico implicó a una gran cantidad de estudiosos, tanto aficionados como profesionales. A través del tiempo, cada cultura ha sentido fascinación por las sociedades previas. Desde Hesíodo (800 aC ±) y Nabónido (555 aC ±) hasta nuestros días, esa fascinación persiste y aumenta.

Sin embargo, este conocimiento no es el fruto de una generación espontánea, sino de una lenta acumulación de reflexiones y observaciones, que comienza a mitad del siglo XV con la redacción por un notario de la Curia pontifica, Flavio Biondo (1392-1463), de un libro, *Roma instaurata*, que es en cierta forma el ancestro de todas las guías arqueológicas modernas (Demoule, Lehoërff, Giligny y Schnapp 2002).

Se atribuye a Thomas Jefferson (1743-1826) dirigir la primera excavación científica en la historia de la arqueología, cuando realizó excavaciones de túmulos sepulcrales ubicados en su propiedad. Se adelantó a su tiempo cuando utilizó métodos cuidadosos y la deducción lógica para analizar los descubrimientos materiales en el terreno (Renfrew y Bahn 1998).

En 1657, Isaac Lapeyrèrem (1596–1676), un pastor calvinista, tuvo que retractarse ante la Inquisición por su osadía de plantear la existencia del ser humano previo a Adán y Eva. Pero ya el mal estaba hecho. Otras personas comenzarán a reflexionar sobre el tema (Demoule, y otros 2005). Hacia 1790, el inglés John Frere (1740-1807) encontró piedras lascadas en la proximidad de huesos de animales extintos y estipuló la existencia del ser humano con la de dichos huesos, lo que los ubicaba previo a la concepción creacionista que se tenía del comienzo del mundo. En ese momento se le tildó de irreligioso y se le ignoró. Boucher des Pérthes (1788-1868), encontró en el valle de Somme para 1847 piedras labradas las cuales creyó muy antiguas y hechas por el ser humano. Esto sirvió para fijar en el tiempo una historia remota, desconocida hasta entonces. Así se posibilita establecer unas fechas de la antigüedad del ser humano, una prehistoria de la humanidad (Renfrew y Bahn 1998).

Dos académicos escandinavos, C. J. Thompsen (1788-1865) y Sven Nilsson (1787-1883), basándose en el descubrimiento de implementos antiguos de tres materiales, revivieron la idea clásica de las "tres edades del hombre" de Hesíodo, y con esa idea clásica establecieron unas divisiones que persisten hasta nuestros días: la Edad de Piedra, la de Bronce y la de Hierro (Cottrell 1970). El sistema de las tres edades ha sido la base de la taxonomía cultural, de la tipología y de la aproximación económica a la Prehistoria (Fernández Martínez 2000).

Para 1859, Charles Darwin (1809-1882) publica *El Origen de las Especies* y con ello establece el concepto de evolución para explicar el origen y el desarrollo de plantas y animales. Aunque no era una idea nueva, la importancia del trabajo de Darwin se basa en la demostración de cómo se producía el cambio evolutivo, a través de la selección natural o supervivencia de los más aptos (Renfrew y Bahn 1998).

La antigüedad del ser humano, la teoría de la evolución de Darwin y el Sistema de las Tres Edades se convierten en avances conceptuales, fundamentos para el estudio del pasado y la búsqueda de respuestas.

El cuerpo teórico de la arqueología se utiliza para reconstruir la prehistoria (Rouse 1972). El desarrollo de la disciplina implicó un acercamiento a métodos científicos. Otras ramas de las ciencias, como la geología con el sistema de estratificación de las rocas, ayudan a establecer los cimientos para la excavación arqueológica rigurosa (Renfrew y Bahn 1998). La etnografía estudia de forma analítica o sintética grupos étnicos contemporáneos (Rouse, 1972). Esta metodología sirve también a los propósitos arqueológicos de crear esquemas para explicar el progreso humano y ayudar a comprender culturas extintas y además de servir de recurso para crear una conciencia cultural.

En los comienzos, la arqueología estaba en manos de aficionados comprometidos. Evoluciona el proceso arqueológico gracias a la constancia de personas como el general Augustus Lane-Fox Pitt Rivers (1827-1900), cuya experiencia militar le ayudó a desarrollar métodos precisos para la excavación: creó planos, secciones, maquetas y registró minuciosamente la ubicación de cada objeto encontrado, ejemplos perdurables de excavación. Sir William Flinders Petrie (1853-1942), un autodidacta especializado en egiptología, no solamente se destacó por la minuciosidad en sus excavaciones y en la descripción de sus hallazgos, sino que también ideó su propia técnica de seriación (datación de secuencias) para ordenar cronológicamente las 2,200 tumbas encontradas en Nagada, Alto Egipto. Sir Mortimer Wheeler (1890-1976), también militar, aportó la técnica de cuadrículas en sus excavaciones. Alfred Kidder (1885-1963), antropólogo, fue uno de los primeros en emplear un equipo de especialistas para analizar artefactos y restos humanos. Desarrolló un sistema esquemático (blueprint) para llevar a cabo una excavación: (1) reconocimiento, (2) selección de criterios para clasificar de forma cronológica los vestigios de yacimientos, (3) seriación dentro de una secuencia probable, (4) excavación estratigráfica para esclarecer problemas específicos, y (5) análisis regional y datación más detallados. Dorothy Garrod (1892-1968), con sus excavaciones en el Levante, estableció el marco cronológico trascendental para la comprensión actual de la evolución prehistórica de la región y encontró los restos fósiles humanos cruciales para conocer la relación entre los Neandertales y los Homo Sapiens Sapiens (Renfrew y Bahn 1998).

Antes de finalizar el siglo XIX, las características principales de la arqueología moderna se habían definido; numerosas civilizaciones antiguas se habían descubierto. Comienza entonces el Período Histórico Clasificatorio (Willey y Sabloff 1974). Se establecieron cronologías con nuevas investigaciones y descubrimientos increíbles, como la tumba de Tutankamón y la civilización Minoica. Se desarrollan entonces contribuciones de gran valor y significancia. Oscar Montelius (1843-1921) redefinió el concepto de seriación, proceso de indagar una cronología mediante el arreglo de restos materiales de una tradición cultural en el orden que produce patrones más consistentes a sus rasgos culturales y subdividión en períodos adicionales, proveyendo mayor especificidad a la jerarquización de edades. Sus teorías difucionistas fueron eventualmente desplazadas por visiones más complejas de interacción cultural, pero luego de algún refinamiento, su sistema de subdivisiones es aún de utilidad. Vere Gordon Childe (1892-1957) se destacó por modificar el enfoque difusionista en sus brillantes escritos de la prehistoria europea y la historia del Viejo Mundo. Consideraba el estudio de la historia como una evolución dinámica, sin la cual no se podría entender las contradicciones y paradojas que componen la historia humana. Tiene a su haber acuñar el término *revolución neolítica* (Renfrew y Bahn 1998).

Franz Boas (1858-1942) se enfrenta a los esquemas evolucionistas y exigió atención al trabajo de campo, estableciendo bases para el enfoque histórico directo: los arqueólogos van a seguir el rastro de la historia de forma directa. Plantea el principio de empiricismo definidor de su antropología como ciencia: el método de la ciencia comienza con las preguntas, no con las respuestas ni siquiera con el juicio valorativo; la ciencia es una búsqueda desapasionada, por tanto, no puede apropiarse de ideologías ya que serían tradicionales y estarían teñidas de prejuicios emocionales; los juicios de todo o nada, blanco o negro, son característicos de actitudes totalitaristas y no tienen lugar en la ciencia, cuya naturaleza intrínseca es inferente y judicial (Herkovits 1953). Cambios importantes ocurren en la arqueología: se adoptaron sistemas taxonómicos, se compararon secuencias históricas, se buscó la datación de restos materiales.

Para 1929, Gordon Childe publica *The Dawn of European Civilization*, un gran avance: utiliza la tipología comparativa de Oscar Montelius (1843-1921) y la cruza con la teoría de culturas arqueológicas de Gustaf Kossinna (1858-1931) restándole sus contenidos racistas. De esta forma evade un determinismo mecánico para defender una interpretación de cada cultura en su particular contexto. En relación a Montelius, resalta un enfoque funcionalista que busca establecer una relación de los niveles técnicos (el dominio de los materiales, el sistema económico) con las jerarquías sociales y las áreas de hábitat de las poblaciones. Gordon Childe fue uno de los primeros en proponer una interpretación sociológica y antropológica de la prehistoria. Su idea de una "revolución neolítica" contribuyó a cambiar la atención de los arqueólogos hacia las dimensiones económicas del pasaje de la recolección a la agricultura. Se encuentra entre los promotores iniciales del papel de la arqueología como método de exploración del pasado. También, acerca la teoría marxista a la explicación del surgimiento de la agricultura (Demoule, y otros 2005). Julian Steward (1902-1972) trajo al ruedo la teoría de la "ecología cultural" para explicar la relación entre el ser humano y su medio ambiente en las culturas previas (Renfrew y Bahn 1974).

Finalizada la Segunda Guerra Mundial, en la arqueología se utilizan grandes contribuciones técnicas científicas. Se destaca la datación radiocarbónica ideada por Willard Libby (1908-1980).

En los años 60, luego de un período de insatisfacción por la forma de realizar la investigación arqueológica, en particular porque se entendía que la arqueología tradicional no explicaba nada, se propone considerar el sistema cultural en la arqueología de los pueblos. Walter W. Taylor (1913-1997) ya había expuesto las insatisfacciones en su escrito *A Study in Archaeology* (1948), abogando el tener en consideración el sistema cultural en su totalidad. Para 1958 se plantea la necesidad de recalcar el aspecto social al estudiar los "procesos" incidentes en la historia de la cultura (Willey y Phillips 1958).

Lewis Robert Binford (1930-2011) liderea un grupo de jóvenes arqueólogos en la década de 1960. Este grupo propone un nuevo planteamiento a los problemas de interpretación arqueológica. Se bautizó a este movimiento la Nueva Arqueología. Abogaba por utilizar los datos arqueológicos para decir una historia verdadera, no falsificada. Alegaba el potencial escondido de la evidencia arqueológica para investigar los aspectos sociales y económicos de las sociedades del pasado. Tenía una visión optimista de la disciplina arqueológica y deseaba explicar, más que limitarse a describir, buscando elaborar generalizaciones válidas. En su entusiasmo por adoptar y utilizar técnicas nuevas, los nuevos arqueólogos recurrieron a utilizar términos poco familiares, tachados de jerga por sus detractores. En su mayoría, estos términos salían de la teoría de sistemas, la cibernética, y otras (Renfrew y Bahn 1998).

Se llega así a la arqueología posprocesual, la cual hace una crítica radical a la nueva arqueología. Evita el positivismo filosófico y la visión cientificista de Binford, Clarke y sus colegas. Sin embargo, hay quien afirma que posprocesual es un eco epitético de "posmoderno". Ian Hodder (1948-) y Michael Shanks (1959-) sugieren el término de "arqueologías interpretativas" como una etiqueta más positiva para la procesual. Los caminos teóricos seguidos por la arqueología se mezclan y entremezclan, faltando una frontera precisa entre los movimientos teóricos (Renfrew y Bahn 1998).

Los posprocesuales, en su afán de romper con lo anterior, afirman que es deber del arqueólogo no sólo describir el pasado, sino usar esa percepción para cambiar el mundo actual. Esto establece un contraste con las aspiraciones a la objetividad de muchos arqueólogos procesuales. El acercamiento posprocesual rechaza el énfasis en los procedimientos sistemáticos del método científico; a veces ve la ciencia moderna hostil hacia el individuo; es parte del sistema de dominación a través del cual ejerce su dominio la hegemonía capitalista, implicando armonía explícita. La arqueología posprocesual es arrogante al presumir que reemplaza lo que podría estar reclamando que complementa (Renfrew y Bahn 1998).

En América Latina, desde los años 60 del siglo pasado, hay un grupo de investigadores que viene practicando la arqueología social, afirmando la sociedad para la ciencia arqueológica. Frente al paradigma norteamericano de metodología y análisis, en Latinoamérica el análisis de los contextos sociohistóricos es más crítica y está influida por Miguel Acosta Saignes (1908-1989), Vere Gordon Childe (1892-1957), Marcel Mauss (1872-1950) y

André Leroi-Gourhan (1911-1986), entre otros. Esta posición teórica se plantea una postura ética que implica asumir un compromiso político con la sociedad en estudio (Vargas Arenas 1996). Por su parte, Renfrew y Bahn (1998) indican que se debe buscar una propuesta nueva que descifre los procesos de naturaleza continua y de larga duración que actúan en la sociedad para explicar los procesos arqueológicos.

Megger (1997) sugiere que, aunque la biología y lo cultural son dos categorías distintas, tanto en el contenido como en el comportamiento de los fenómenos, son de un nivel similar de complejidad y se deberían utilizar las cuatro fuerzas evolucionistas básicas de la biología como categorías en el estudio de una cultura.

Descifrar el pasado incluye los aspectos lingüísticos, los cuales han mantenido una relación de un complejo proceso articulatorio influido a lo largo del tiempo por las distintas condiciones históricas, sociales y teóricas imperantes. La lingüística estudia el lenguaje para encontrar sus principales características y así poder describir, explicar o predecir los fenómenos lingüísticos. Dependiendo de sus objetivos, estudia las estructuras cognitivas de la competencia lingüística humana o la función y relación del lenguaje con factores sociales y culturales.

En la arqueología, la lingüística tomó otra perspectiva desde el estructuralismo. Los modelos lingüísticos fueron adoptados como modelos del comportamiento cultural y social en un intento por interpretar y analizar los sistemas socioculturales, dentro de las corrientes antropológicas mismas. La tendencia estructural pudo proponerse por la influencia de la lingüística, tanto en lo teórico, como en lo metodológico. Sin embargo, al excluir las condiciones materiales y el desarrollo histórico, se cuestionó que la cultura y la organización social pudieran ser analizadas como un código lingüístico, tomando al lenguaje de modelo básico sobre el cual se estructura todo el pensamiento o la clasificación. Tomando como base a Ferdinand de Sausurre (1857-1913), Claude Lévi-Strauss (1908-2009) utiliza la idea fundamental de una estructura escondida más allá de un constructo cultural independiente de sus formas por contraste y utiliza este enfoque para explorar las formas y estructuras generadas por el ser humano. Lévi-Strauss trabaja la idea de que el significado se construye a través de la utilización de unidades contrastantes (oposición binaria) para describir los mitos, los actos, las expresiones de los seres humanos. Al relacionar la estructura a las relaciones sociales y al poder simbólico, Lévi-

Strauss (1995) creó un análisis estructuralista de manera menos formal y más subjetivo.

Es importante entender cómo los procesos lingüísticos proveen mecanismos para interpretar los hallazgos materiales de culturas extintas. Sin embargo, las interpretaciones estarán matizadas por los problemas teóricos planteados por la discusión de los conceptos operativos que dan cuenta de las contradicciones fundamentales de una sociedad y, especialmente, de aquellas contradicciones inferibles a partir del dato arqueológico. Podríamos tomar como ejemplo los conceptos *formación (económica) social, modo de producción, modo de vida* y *cultura*.

Para la arqueología reviste especial significación discutir este manejo conceptual entendiendo cómo surgen las categorías y cómo denotan hechos concretos o explican las relaciones entre esos hechos. Luis E. Molina (1988) lo expresa de la siguiente forma:

> [...] se impuso a los científicos sociales de América Latina el desarrollar un marco teórico y conceptual que permitiera aprehender la complejidad societaria de nuestras naciones. En términos generales, esta búsqueda se centró en la revisión de los aportes del materialismo histórico y especialmente de la obra de Marx, su concepción de la historia y del desarrollo y evolución de la humanidad.

Partiendo desde Marx, la relación entre las sociedades y el medioambiente es un proceso dialéctico. El ser humano crea diversos modelos de relación de producción y relaciones sociales de producción, complejas y efectivas, dejando atrás la economía natural. Se genera una contradicción primaria entre la sociedad y la naturaleza debido a la necesidad de organizarse mejor para controlar y dominar de manera eficaz el medio natural para su supervivencia. Afirman Sanoja y Vargas (1974):

> Cada uno de estos modelos de relaciones de producción y de relaciones sociales de producción concomitantes, es lo que podríamos llamar Formación Económico Social. Cada una de las variaciones que se presentan dentro del modelo como consecuencia de los problemas que debe enfrentar cada sociedad cuando trata de resolver las situaciones específicas que plantea la explotación de un ecosistema o ecosistemas sobre los cuales ejerce su acción cultural y de la cual, dialécticamente, recibe a su vez los influjos que modelan su desarrollo, sería el modo de producción.

Conciben la categoría de modo de vida como un concepto de mayor operatividad que el modo de producción. El modo de vida:

> ... está constituido por el complejo de actividades habituales que caracterizan a un grupo humano y forma la base para su existencia. [...] las formas de producción y de propiedad definen y sustentan la existencia de los individuos en tanto que las relaciones sociales contribuyen a la conservación y fijación de dichas formas. Los modos o géneros de vida tienen también a su vez capacidad para generar nuevos modos de vida y difundirse al mismo tiempo en un espacio dado... (Sanoja Obediente y Vargas Arenas 1974).

Entonces, el *modo de vida* se refiere a la forma de producir y a todas las actividades (económicas o no) con la finalidad de garantizar la subsistencia de un grupo humano.

Por tanto, resulta vital al arqueólogo poder manejar con comodidad el concepto de *modo de producción* para entender una sociedad que podría no expresarse a través de su estructura económica. Debemos tener en cuenta que el material con el cual trabaja el arqueólogo informará de este aspecto de la cultura, de las fuerzas productivas y el grado de desarrollo de tal grupo humano. Incorpora la distribución de actividades económicas y rituales específicas dentro del arreglo espacial. No obstante, ¿está la conciencia social condicionada por la base económica de la sociedad? Los estudiosos de línea marxista opinan en lo afirmativo y, de alguna manera, en una formación social donde existen diversos modos de producción.

Las diferentes formas de domesticación del entorno permiten lecturas del espacio social y de los códigos culturales subyacentes en las configuraciones de construcción física del paisaje (Criado Boado 1999). Esa domesticación del entorno no solo es expresión de una nueva economía y su correspondiente aparato tecnológico, sino ante todo de la lectura de las claves para comprender las nuevas relaciones de la sociedad con su contexto de vida. La arqueología ha permitido leer en el paisaje lo que ha desaparecido de la memoria de sus gentes (UNESCO 2005).

La observación de las sociedades vivientes o aquellas extintas, pero con historia escrita, señalan la complejidad de las realidades concretas de los grupos humanos. Por tanto, no se puede entender una sociedad con solo aceptar la determinación de la base económica en un modo de producción. En la investigación arqueológica se infiere por comparación o analogías y extrapolaciones históricas para obtener información sobre la ideología de una sociedad extinta. Aun así, el concepto de formación social está forzado a tomar en consideración la realidad heterogénea y contradictoria de la existencia de diversos modos de producción. Molina (1988) propone entender una formación social como la categoría de mayor nivel de amplitud, que incluye uno o varios modos de producción (relaciones sociales de producción y fuerza productiva) y las formas superestructurales (expresión ideológica de esas formas de subsistencia), lo cual remite al concepto de modo de vida basado en una forma concreta de producir, bajo una forma concreta de organizarse, con expresiones jurídicas, políticas e ideológicas que expresan y consolidan, cohesionan estas formas de producción.

El concepto de cultura, con su infinidad de significados, viene a estar íntimamente ligado a los conceptos de formación (económico) social, modo de producción y modo de vida, por ser la expresión concreta de ellas (Molina 1988). La cultura, por tanto, es un medio de expresar la producción material, las relaciones sociales y las ideológicas, tomando un particular y singular sistema de expresión. Cada sociedad tendrá unas características privativas que conformarán su cultura.

El tema de la conceptualización de estos términos es inagotable, y tendrá tantas acepciones como teorías abundan para interpretar restos materiales de sociedades extintas. Para la arqueología, las relaciones de producción proveen un acceso más directo al conocimiento e interpretación de los hallazgos, pero la complicación humana es infinita y proveerá un horizonte amplio en busca de entender esos restos materiales. Este es sólo un elemento de tantos abiertos a discusión e interpretación en la arqueología.

El mismo término de *arqueología* va a encontrar diversas definiciones, dependiendo del diccionario que se consulte:

Few dictionary definitions are ever wholly satisfactory in capturing the substance and meaning of complex subjects. This is certainly true for the discipline of archaeology (Willey y Sabloff 1974).

LEXICÓN POLÍGLOTA DE ARQUEOLOGÍA

LEXIQUE POLYGLOTTE D'ARCHÉOLOGIE

LEXICO POLÍGLOTA DE ARQUEOLOGIA

LEXICON MULTILINGUAL OF ARCHAEOLOGY

Pour de l'aide avec des mots en français,
voir l'annexe à la page 109.

Para obter ajuda com palavras em Português,
veja o Apêndice na página 109.

For assistance with English words
see Appendix on page 109.

LEXICÓN POLIGLOTA DE ARQUEOLOGÍA

A

Num.	Español	Française	Portugués	English
N1	A.C.	AVANT J.C.	A.C.	B.C.
N2	ACULTURACIÓN	ACCULTURATION	ACCULTURAÇÃO	ACCULTURATION
N3	ADAPTACIÓN ECOLÓGICA	ADAPTATION ÉCOLOGIQUE	ADAPTAÇÃO ECOLÓGICA	ECOLOGICAL ADAPTATION
N4	ADMINISTRACIÓN	INTENDANCE	ADMINISTRAÇÃO	STEWARDSHIP
N5	**ADN** - ÁCIDO DESOXIRRIBONUCLÉICO	**ADN** - ACID DÉSOXYRIBONUCLÉIQUE	**ADN** - ÁCIDO DESOXIRRIBONUCLEICO	**DNA** - DESOXYRIBONUCLEIC ACID
N6	AGROALFARERO	AGRO-CÉRAMIQUE	AGRO-CERÂMICO	AGRICULTURAL-CERAMIC
N7	AGUA SALOBRE	EAU SUMÂTRE	ÁGUA SALOBRA	BRACKISH WATER
N8	AJUAR	TROUSSEAU	ENXOVAL	GRAVE GOODS
N9	ALISAR	LISSER	ALISAR	STRAIGHTEN (TO)
N10	ALTO RELIEVE	HAUT-RELIEF	ALTO-RELEVO	HIGH-RELIEF
N11	ALUCINACIONES	HALLUCINATIONS	ALUCINAÇÃO, DELIRIO	HALLUCINATIONS
N12	ALUCINÓGENOS	HALLUCINOGÈNES	ALUCINÓGENO	HALLUCINOGENICS

N13	ALUVIÓN	ALLUVIONS	ALUVIÃO	ALLUVIUM
N14	AMULETO, TALISMÁN	AMULETTE, PORTE-BONHEUR	AMULETO, TALISMÃ	AMULET, CHARM
N15	ANALOGÍA	ANALOGIE	ANALOGIA	ANALOGY
N16	ANCLAJE ESPACIAL	ANCRAGE SPATIAL	ANCORAGEM ESPACIAL	SPATIAL ANCHORAGE
N17	ÁNFORA	AMPHORE	ÂNFORA	AMPHORA
N18	ANIMISMO	ANIMISME	ANIMISMO	ANIMISM
N19	ANOMALÍAS DENTARIAS	ANOMALIES DENTAIRES	ANOMALÍAS DENTALES	DENTAL ANOMALIES
N20	ANTIGÜEDAD	ANTIQUITÉ	ANTIGUIDADE	ANTIQUITY
N21	ANTROPOGÓNICO	ANTHROPOGONIQUE	ANTROPOGÔNICO	ANTHROPOGONIC
N22	ANTROPOLOGÍA	ANTHROPOLOGIE	ANTROPOLOGIA	ANTHROPOLOGY
N23	ANTROPOLOGÍA ARQUEOLÓGICA	ANTHROPOLOGIE ARCHÉOLOGIQUE	ANTROPOLOGIA ARQUEOLÓGICA	ARCHAEOLOGICAL ANTHROPOLOGY
N24	ANTROPOLOGÍA CULTURAL	ANTHROPOLOGIE CULTURELLE	ANTROPOLOGIA CULTURAL	CULTURAL ANTHROPOLOGY
N25	ANTROPOLOGÍA ECOLÓGICA	ANTHROPOLOGIE ÉCOLOGIQUE	ANTROPOLOGIA ECOLÓGICA	ECOLOGICAL ANTHROPOLOGY
N26	ANTROPOLOGÍA ECONÓMICA	ANTHROPOLOGIE ECONOMIQUE	ANTROPOLOGIA ECONÔMICA	ECONOMIC ANTHROPOLOGY

LEXICÓN POLIGLOTA DE ARQUEOLOGÍA

N27	ANTROPOLOGÍA EDUCATIVA	ANTHROPOLOGIE EDUCATIVE	ANTROPOLOGIA EDUCACIONAL	EDUCATIONAL ANTHROPOLOGY
N28	ANTROPOLOGÍA LINGÜÍSTICA	ANTHROPOLOGIE LINGUISTIQUE	ANTROPOLOGIA LINGÜÍSTICA	LINGUISTIC ANTHROPOLOGY
N29	ANTROPOLOGÍA MÉDICA	ANTHROPOLOGIE MÉDICALE	ANTROPOLOGIA MÉDICA	MEDICAL ANTHROPOLOGY
N30	ANTROPOLOGÍA POLÍTICA	ANTHROPOLOGIE POLITIQUE	ANTROPOLOGIA POLÍTICA	POLITICAL ANTHROPOLOGY
N31	ANTROPOMETRÍA	ANTHROPOMETRIC	ANTROPOMÉTRICO	ANTHROPOMETRY
N32	ANTROPOMORFISMO	ANTHROPOMORPHISME	ANTROPOMORFISMO	ANTHROPOMORPHISM
N33	ANTROPONIMIA	ANTHROPONYMIE	ANTROPONÍMIA	ANTHROPONOMASTICS
N34	ANZUELOS	HAMEÇON	ANZOL, ISCA	HOOKS
N35	ÁRBOL DE LA ABUNDANCIA	ARBRE DE L'ABONDANCE	ARVORE DA ABUNDÂNCIA	TREE OF ABUNDANCE
N36	ÁRBOL DE LA VIDA	ARBRE DE LA VIE	ARVORE DA VIDA	TREE OF LIFE
N37	ARCAICO (A)	ARCHAÏQUE	ARCÁICO (A)	ARCHAIC
N38	ARCO ANTILLANO	ARC ANTILLAIS	ARCO ANTILHANO	ANTILLEAN ARC

N39	AREÍTO - BAILES Y CANTOS DIRIGIDOS POR UNA PERSONA PRINCIPAL QUE RECITABA HISTORIAS	AREÏTO - CHANTS ET DANSES DIRIGÉ PAR UN PERSONNAGE PRINCIPAL QUI RÉCITÉ DES HISTOIRES	AREITO - DANÇAS E CANÇÕES DIRIGIA POR UMA PESSOA PRINCIPAL QUE RECITA HISTÓRIAS	AREÍTO - DANCES AND SONGS DIRECTED BY A PRINCIPAL WHO RECITED STORIES
N40	ARPÓN	HARPON	ARPÃO	HARPOON
N41	ARQUEOLOGÍA	ARCHÉOLOGIE	ARQUEOLOGIA	ARCHAEOLOGY, ARCHEOLOGY
N42	ARQUEOLOGÍA DE SALVAMENTO	ARCHÉOLOGIE DE SAUVETAGE	ARQUEOLOGIA DE SALVAMENTO	SALVAGE ARCHAEOLOGY
N43	ARQUEOLOGÍA HISTÓRICA	ARCHÉOLOGIE HISTORIQUE	ARQUEOLOGIA HISTÓRICA	HISTORICAL ARCHAEOLOGY
N44	ARQUEOLOGÍA NÁUTICA	ARCHÉOLOGIE NAUTIQUE	ARQUEOLOGIA NAUTICA	NAUTICAL ARCHAEOLOGY
N45	ARQUEOLOGÍA RIBEREÑA	ARCHÉOLOGIE RIVERAINE	ARQUEOLOGIA RIBEIRINHA	RIVERINE ARCHAEOLOGY
N46	ARQUEOLOGÍA SUBACUÁTICA	ARCHÉOLOGIE SOUS-MARINE	ARQUEOLOGIA SUBAQUÁTICA	UNDERWATER ARCHAEOLOGY
N47	ARQUEOMAGNETISMO	ARCHÉOMAGNETISME	ARQUEOMAGNETISMO	ARCHEOMAGNETISM
N48	ARTEFACTO	ARTÉFACT; OBJET	ARTEFATO	ARTIFACT
N49	ARTEFACTO PERECEDERO	ARTEFACT PERÍSSABLE	ARTEFATO PERECÍVEL	PERISHABLE ARTIFACT
N50	ARTICULACIÓN	ARTICULATION	ARTICULAÇÃO	ARTICULATION
N51	ASENTAMIENTOS	ÉTABLISSEMENT	ASSENTAMENTO	SETTLEMENT

LEXICÓN POLIGLOTA DE ARQUEOLOGÍA

N52	ASIMÉTRICO(A)	ASYMÉTRIQUE	ASSIMÉTRICO(A)	ASYMMETRIC, ASYMMETRICAL
N53	ASTROLABIO	ASTROLABE	ASTROLÁBIO	ASTROLABE
N54	AYUNAR	FAIRE LE JEÛNE	FACER JEJUM	FAST (TO)

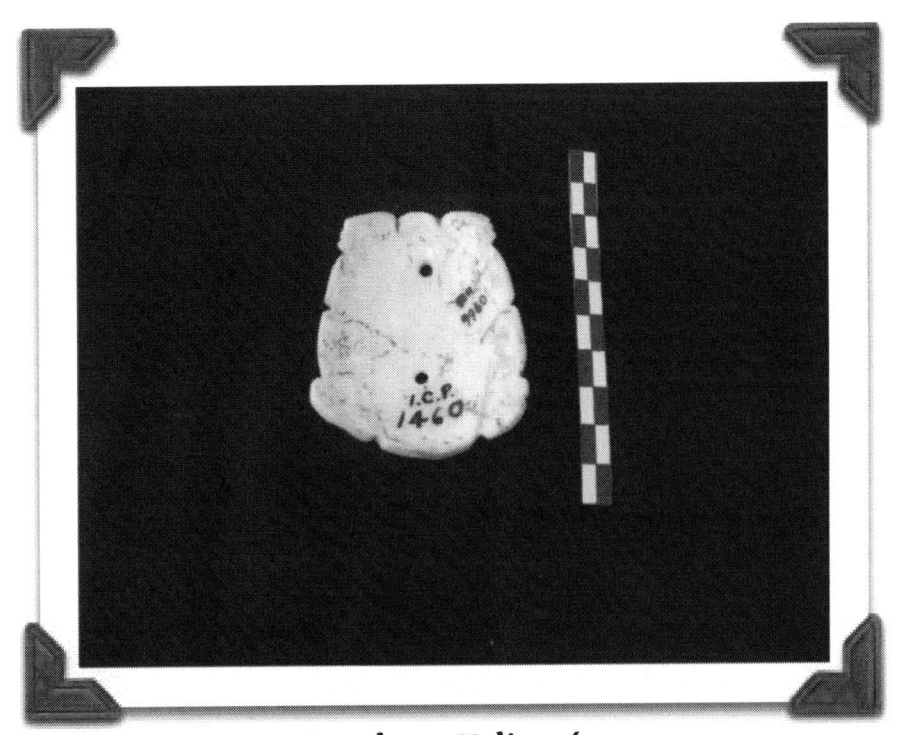

Amuleto, Talismán
Amulette, Porte-bonheur
Amuleto, Talismã
Amulet, Charm

Buril, Cinsel
Burin, Ciselet, Échoppe
Buril
Burin, Engraver's Chisel

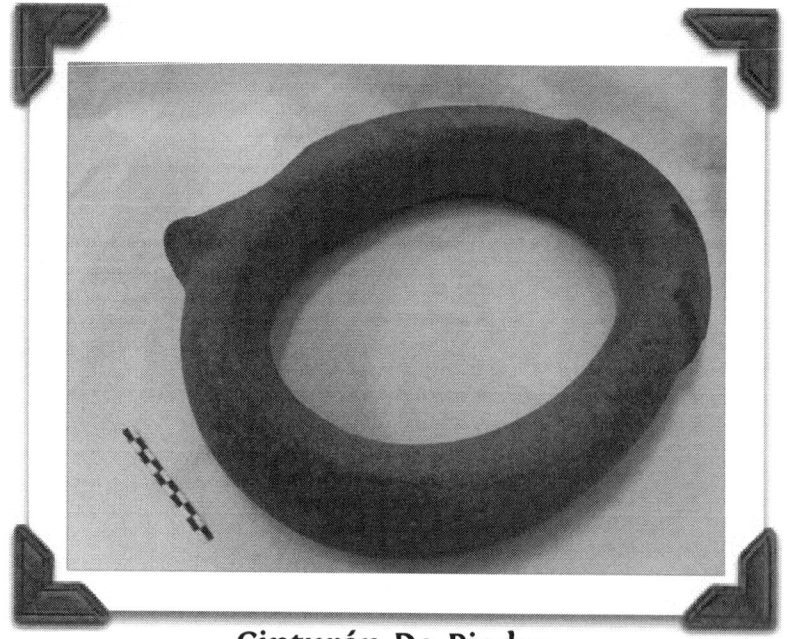

Cinturón De Piedra
Ceinture À Pierre
Cinto De Pedra
Collar Stone

B

Num.	Español	Française	Portugués	English
N55	BAJO-RELIEVE	BAS-RELIEF	BAIXO-RELEVO	BAS-RELIEF, LOW-RELIEF
N56	BEHÍQUE	CHAMAN	XAMÃ	WITCH DOCTOR, SHAMAN
N57	BICROMÍA	BICHROMIE	BICROMIA	BICHROME
N58	BIFAZ	BIFACE	BIFACE	BIFACE
N59	BISEL	BISEAU, BISEAUTER, CHANFREIN	CHANFRADURA	BEVEL, EDGE
N60	BISELADO(A)	BISEAU	BISELADO(A)	BEVELED
N61	BOHÍO	BOHÍO - MAISON DES TAÏNO INDIENS	BOHÍO - CASA DOS ÍNDIOS TAINOS	BOHÍO - TAINO INDIAN HOUSE
N62	BP (ANTES DEL PRESENTE)	BP (AVANT LE PRÉSENTE)	A.P. (ANTES DO PRESENTE)	B.P. (BEFORE PRESENT)
N63	BRAQUIOCEFÁLIA, BRAQUICEFÁLIA	BRACHYCÉPHALIE	BRAQUICEFALIA	BRACHYCEPHALY
N64	BRAZA	BRASSE	BRAÇA	FATHOM
N65	BURÉN - PLATO DONDE SE HACÍA EL CASABE	BURÉN - PLAT OÙ LE PAIN DE YUCCA ÉTÉ FAIT	BURÉN - PRATO ONDE SE FAIS U PÃO DE IÚCA	BURÉN - PLATE IN WHICH THE CASSAVA BREAD WAS MADE

N66	BURIL, CINSEL	BURIN, CISELET, ÉCHOPPE	BURIL	BURIN, ENGRAVER'S CHISEL
N67	BÚSQUEDA CIRCULAR	RECHERCHE CIRCULAIRE	PROCURA CIRCULAR	CIRCULAR SEARCH

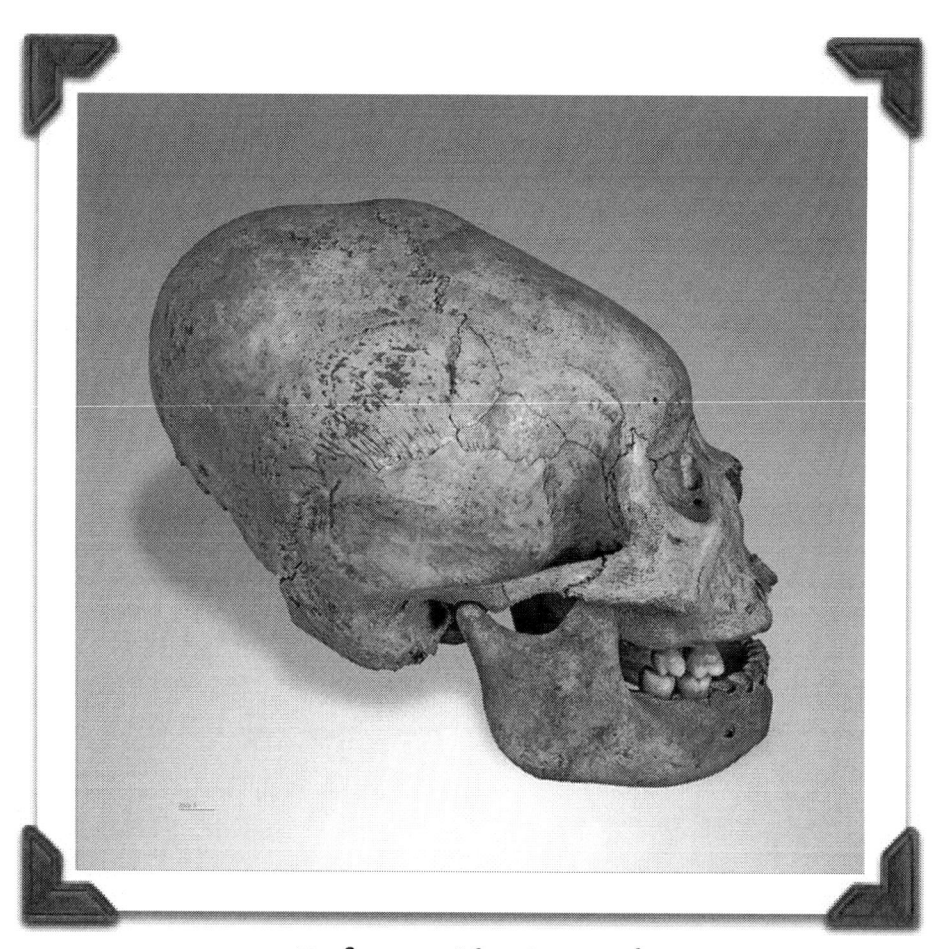

Deformación Craneal
Déformation Du Crâne
Déformação Cranial
Head Deformation

LEXICÓN POLIGLOTA DE ARQUEOLOGÍA

C

Num.	Español	Française	Portugués	English
N68	CACIQUE	CACIQUE, CHEF (D'UNE TRIBU)	CACIQUE, CHEFE POLÍTICO	CACIQUE, INDIAN CHIEF
N69	CAIRN	CAIRN	MOLEDROS	CAIRN
N70	CALIZA	CALCAIRE	CALCÁRIO	LIMESTONE
N71	CAMBIO ANÁLOGO	CHANGEMENT ANALOGUE	TROCA (MUDANÇA) ANÁLOGA	ANALOGOUS CHANGE
N72	CAMBIO ECOLÓGICO	CHANGEMENT ÉCOLOGIQUE	TROCA (MUDANÇA) ECOLÓGICA	ECOLOGICAL CHANGE
N73	CAMBIO TIPOLÓGICO	CHANGEMENT TYPOLOGIQUE	TROCA (MUDANÇA) TIPOLÓGICA	TYPOLOGICAL CHANGE
N74	CAMPANIFORME	CAMPANIFORME	CAMPANIFORME	BELL-SHAPED
N75	CANTO TALLADO	GALET AMÉNAGÉ	PEDRA TALHADA	CARVED EDGE
N76	CÁPSULA DE TIEMPO	CAPSULE DE TEMPS	CÁPSULA DE TEMPO	TIME CAPSULE
N77	CARACOL	COQUILLAGE	CARAMUJO (DE MAR)	SHELLFISH, SHELL
N78	CARACOLA REINA (STROMBUS GIGAS)	LAMBI (STROMBUS GIGAS)	CONCHA-RAINHA (EUSTROMBUS GIGAS)	QUEEN CONCH (STROMBUS GIGAS)
N79	CARACTERÍSTICAS SOMÁTICAS	CARACTÉRISQUES SOMATIQUES	CARACTERÍSTICAS SOMÁTICAS	SOMATIQUE CHARACTERISTICS
N80	CARTOGRAFÍA	MAPPING (CARTOGRAPHIE)	CARTOGRAFIA	MAPPING

N81	CASCO DE NAVÍO POR DONDE SE ABORDA	BORDAGES À CLIN	CASCO TRINCADO	CLINKER
N82	CATÁLOGO	CATALOGUE	CATALOGUE	CATALOGUE
N83	CAZA	CHASSE	CAÇA	HUNTING
N84	CEMÍ - REPRESENTACIÓN DE DIOSES TAÍNOS	CEMI - REPRÉSENTATION DE QUELQUES UNS TAÏNO DIEU	CEMI - REPRESENTACÃO DE ALGUM DIEU TAÏNO	ZEMI - REPRESENTATION OF A TAINO GOD
N85	CENOTES	CÉNOTES	CENOTE	CENOTES
N86	CERÁMICA, ALFARERÍA	POTERIE	CERÂMICA	CERAMIC, POTTERY
N87	CESTERÍA	VANNERIE	CESTERIA	BASKETWORK
N88	CHRONOLOGÍA ABSOLUTA	CHRONOLOGIE ABSOLUE	CRONOLOGIA ABSOLUTA	ABSOLUTE CHRONOLOGY
N89	CINTURÓN DE PIEDRA	CEINTURE À PIERRE	CINTO DE PEDRA	COLLAR STONE
N90	CINTURÓN MONOLÍTICO	CEINTURE MONOLITHIQUE	CINTURÃO MONOLÍTICO	MONOLITHIC COLLAR
N91	CLAN	CLAN	BANDO, CLÃ	CLAN
N92	CLASIFICACIÓN CULTURAL	CLASSEMENT CULTUREL	CLASSIFICAÇÃO CULTURAL	CULTURAL CLASSIFICATION
N93	CLASIFICACIÓN DE UNA ACTIVIDAD	CLASSIFICATION D'UNE ACTIVITÉ	CLASSIFICAÇÃO D'UMA ATIVIDADE	ACTIVITY CLASSIFICATION
N94	CLASIFICACIÓN EXTRÍNSECA	CLASSIFICATION EXTRINSÈQUE	CLASIFICAÇÃO EXTRÍNSECA	EXTRINSIC CLASSIFICATION
N95	CLASIFICACIÓN TAXONÓMICA	CLASSIFICATION TAXONOMIQUE	CLASSIFICAÇÃO DE TAXONIMIA	TAXONOMIC CLASSIFICATION

LEXICÓN POLIGLOTA DE ARQUEOLOGÍA

N96	CODOS DE PIEDRA	COUDS À PIERRE	JOELHO DE PEDRA	STONE ELBOW
N97	COMPLEJO DIAGNÓSTICO COGNITIVO	COMPLEXE DIAGNOSTIQUE COGNITIF	COMPLEXO DIAGNÓSTICO COGNITIVO	COGNITIVE DIAGNOSTIC COMPLEX
N98	COMPLEJO DIAGNÓSTICO DE UNA ACTIVIDAD	COMPLEXE DIAGNOSTIQUE D'UNE ACTIVITÉ	COMPLEXO DIAGNÓSTICO D'UMA ATIVIDADE	ACTIVITY DIAGNOSTIC COMPLEX
N99	CÓNCAVO(A)	CONCAVE	CÔNCAVO(A)	CONCAVE
N100	CONCHA, ESCAMA	ÉCAILLE	CASCO, ESCAMA	SHELL, SCALE
N101	CONCHERO, CONCHARIO	SAMBAQUI, TAS DE COQUILLAGE	CONCHEIRO, AMONTOADO DE CONCHAS	MIDDEN
N102	CONSERVACIÓN	PRÉSERVATION	PRESERVAÇÃO	PRESERVATION
N103	CONSERVAR	PRÉSERVER	CONSERVAR, PRESERVAR	PRESERVE (TO)
N104	CONTENIDO DE UN YACIMIENTO	CONTENU D'UN GISEMENT	CONTEÚDO D'UMA JAZIDA	CONTENT OF SITE
N105	CONTEXTO	CONTEXTE	CONTEXTO	CONTEXT
N106	CONTEXTO ARQUEOLÓGICO	CONTEXTE ARCHÉOLOGIC	CONTEXTO ARQUEOLÓGICO	ARCHAEOLOGICAL CONTEXT
N107	CONVERGENTE	CONVERGENT	CONVERGENTE	CONVERGENT
N108	CONVEXO(A)	CONVEXE	CONVEXO(A)	CONVEX
N109	CO-PATRÓN DE ACTIVIDAD	COMODÈLE D'ACTIVITÉ	CO-PADRÃO D'ATIVIDADE	ACTIVITY CO-PATTERN

N110	COSMOGONÍA	COSMOGONIE	COSMOGONIA	COSMOGONY
N111	CRÁNEO	CRÂNE	CRÂNIO	SKULL
N112	CRONOLOGÍA	CHRONOLOGIE	CRONOLOGIA	CHRONOLOGY
N113	CRONOLOGÍA MORFOLÓGICA	CHRONOLOGIE MORPHOLOGIQUE	CRONOLOGIA MORFOLOGICA	MORPHOLOGICAL CHRONOLOGY
N114	CRONOLOGÍA RELACIONAL	CHRONOLOGIE RELATIONNELLE	CRONOLOGIA RELACIONAL	RELATIONAL CHRONOLOGY
N115	CURADOR(A)	COURATEUR(TRICE)	CURADOR(A)	CURATOR

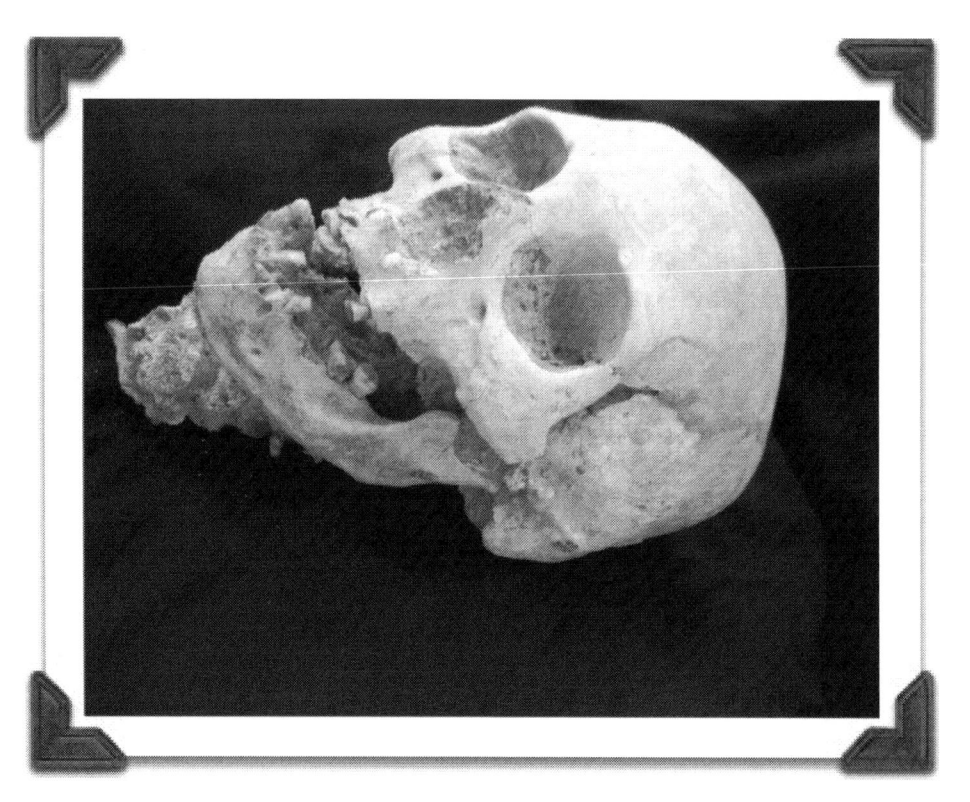

Cráneo
Crâne
Crânio
Skull

D

Num.	Español	Française	Portugués	English
N116	D.C.	APRÉS J.C.	D.C.	A.D.
N117	DATACIÓN RELATIVA	DATATION RELATIVE	DATAÇÃO RELATIVA	RELATIVE DATING
N118	DATACIÓN, FECHACIÓN ABSOLUTA	DATATION ABSOLUE	DATAÇÃO ABSOLUTA (DATAÇÃO CRONOMÉTRICA)	ABSOLUTE DATING
N119	DATACIÓN, FECHACIÓN RADIOMÉTRICA	DATATION RADIOMÉTRIC	DATAÇÃO RADIOMÉTRICA	RADIOMETRIC DATING
N120	DEFORMACIÓN CRANEAL	DÉFORMATION DU CRÂNE	DÉFORMAÇÃO CRANIAL	HEAD DEFORMATION
N121	DENDROCRONOLOGÍA	DENDROCHRONOLOGIE	DENDROCRONOLOGIA	DENDROCHRONOLOGY
N122	DESCOMPOSICIÓN	POURRITURE	DECOMPOSIÇÃO	DECAY
N123	DESCUBRIMIENTOS EN PANTANOS	DÉCOUVERTE DANS LE MARAIS	DESCOBRIMENTO EM PÂNTANO	BOG FINDS
N124	DESGASTE	USURE DES SURFACES	DESGASTE	WEAR
N125	DIAGNÓSTICO CULTURAL	DIAGNOSTIQUE CULTUREL	DIAGNÓSTICO CULTURAL	CULTURAL DIAGNOSTIC
N126	DISCIPLINAS ANALÍTICAS	DISCIPLINES ANALYTIQUE	DISCIPLINAS ANALÍTICAS	ANALYTIC DISCIPLINES
N127	DISTAL	DISTAL(E)	DISTAL	DISTAL
N128	DIVERGENTE	DIVERGENT	DIVERGENTE	DIVERGENT
N129	DOCUMENTAR	DOCUMENTER	DOCUMENTAR	DOCUMENT (TO)

N130	DOLMEN	DOLMEN	DÓLMEN, ORCAS, ARCAS, PALAS, CASAS DE MOUROS, FORNOS DE MOUROS, PIAS	DOLMEN, PORTAL TOMB, PORTAL GRAVE
N131	DOMESTICAR	APPRIVOISER, DOMESTIQUER	DOMESTICAR	DOMESTICATE (TO)
N132	DRAGADO	DRAGAGE	DRAGAGEM	WATER DREDGE

Punta De Flecha
Pointe De Flèche
Ponta De Flecha
Arrow Tip

E

Num.	Español	Française	Portugués	English
N133	ECOFACTO	ECOFACT	ECOFATO	ECOFACT (BIOFACT)
N134	ECOSISTEMA	ÉCOSYSTÈME	ECOSSISTEMA	ECOSYSTEM
N135	ELEMENTO CEREMONIAL	ÉLÉMENT CÉRÉMONIEL	ELEMENTO CERIMONIAL	CEREMONIAL ELEMENT
N136	ENDOGAMIA	ENDOGAMIE	ENDOGAMIA	ENDOGAMY
N137	ENGOBE, BARNIZ, VIDRIADO	ENGOBE	VERNIZ, VIDRADO	SLIP
N138	ENSAMBLAJE	ASSEMBLAGE	MONTAGEM	ASSEMBLAGE
N139	ENSAMBLAJE CULTURAL MEZCLADO	ASSEMBLAGE CULTURELLE MÉLANGÉE	MONTAGEM CULTURAL MISTURADO	MIXED CULTURAL ASSEMBLAGE
N140	ENSAMBLAJE DE UNA ACTIVIDAD	ASSEMBLAGE D'UNE ACTIVITÉ	MONTAGEM D'UMA ATIVIDADE	ACTIVITY ASSEMBLAGE
N141	ENSAMBLAJE MORFOLÓGICO DE TRANSICIÓN	ASSEMBLAGE MORPHOLOGIQUE TRANSITOIRE	MONTAGEM MORFOLOGICO TRANSICIONAL	TRANSITIONAL MORPHOLOGICAL ASSEMBLAGE
N142	ENTERRAMIENTO	ENTERREMENT	SEPULTAMENTO	BURIAL
N143	ENTERRAMIENTO DE BARCO	ENTERREMENT DE BATEAU	SEPULTAMENTO DE NAVIO	SHIP BURIAL
N144	ESFÉRICO(A)	SPHÉRIQUE	ESFÉRICO(A)	SPHERICAL
N145	ESGRAFIADO	SGRAFFITE	ESGRAFIADO	SGRAFFITO
N146	ESPELEOTEMA	CONCRÉTION	ESPELEOTEMA	CONCRETION

N147	ESTRATEGIA ANALÍTICA	STRATÉGIE ANALYTIQUE	ESTRATÉGIA ANALÍTICA	ANALYTIC STRATEGY
N148	ESTRATIGRAFÍA CULTURAL	STRATIGRAPHIE CULTURELLE	ESTRATIGRAFIA CULTURAL	CULTURAL STRATIGRAPHY
N149	ESTRATIGRAFÍA GEOLÓGICA	STRATIGRAPHIE GÉOLOGIQUE	ESTRATIGRAFIA GEOLÓGICA	GEOLOGIC STRATIGRAPHY
N150	ESTRATIGRAFÍA INVERTIDA	STRATIGRAPHIE AU REVERSE	ESTRATIGRAFIA EN SENTIDO INVERSO	REVERSE STRATIGRAPHY
N151	ETNIA	ETHNIE	GRUPO ÉTNICO	ETHNIC GROUP
N152	ETNOGÉNESIS	ETHNOGENÈSE	ETNOGÊNESE	ETHNOGENESIS
N153	ETNOGRAFÍA	ETHNOGRAPHIE	ETNOGRAFIA	ETHNOGRAPHY
N154	ETNOHISTÓRIA	ETHNOHISTOIRE	ETNOHISTÓRIA	ETNOHISTORY
N155	ETNOLOGÍA	ETHNOLOGIE	ETNOLOGIA	ETHNOLOGY
N156	EVOLUCIÓN LINEAL	ÉVOLUTION LINÉALE	EVOLUÇÃO LINEAL	LINEAR EVOLUTION
N157	EXCAVACIÓN	FOUILLE	ESCAVAÇÃO	EXCAVATION
N158	EXCAVAR	FOUILLER	ESCAVAR	EXCAVATE, TO DIG
N159	EXOGAMIA	EXOGAMIE	EXOGAMIA	EXOGAMY

LEXICÓN POLIGLOTA DE ARQUEOLOGÍA

✤ F ✤

Num.	Español	Française	Portugués	English
N160	FECHADO ISOTÓPICO	DATATION ISOTOPIQUE	DATAÇÃO ISOTÓPICA	ISOTOPIC DATING
N161	FECHADO POR RADIOCARBONO	DATATION PAR LE RADIOCARBONE	DATAÇÃO POR RADIOCARBONO	RADIOCARBON DATING
N162	FECHADO RELATIVO	DATATION RELATIVE	DATAÇÃO RELATIVA	RELATIVE DATING
N163	FILIGRANA	FILIGRANE	FILIGRANA	FILIGREE
N164	FILOGENIA	PHYLOGÉNIE	FILOGENIA; FILOGÊNESE	PHYLOGENETIC ORDERING
N165	FITOMORFO(A)	PHYTOMORPHE	FITOMÓRFICO(A)	FITOMORPHIC
N166	FOSFENOS	PHOSPHÈNE	FOSFENO	PHOSPHENE
N167	FRECUENCIA DE SERIACIÓN	FRÉQUENCE DE SÉRIATION	FREQÜÊNCIA DE SERIAÇÃO	FREQUENCY SERIATION
N168	FRISO	FRISE	FRISO	FRIEZE

Raedera, Raspador
Grattoire, Racloir
Raspadeira, Raspador
Scraper

Petroglifo
Pétroglyphe
Petróglifo
Petroglyph

Hachas De Coral
Haches En Corail
Machados De Coral
Coral Axes

❦ G ❦

Num.	Español	Française	Portugués	English
N169	GLOBULAR	GLOBULAIRE	GLOBULAR	GLOBULAR
N170	GLOTOCRONOLOGÍA	GLOTTOCHRONOLOGIE	GLOTOCRONOLOGIA	GLOTTOCHRONOLOGY
N171	GPS (SISTEMA DE POSICIONAMIENTO GLOBAL)	GPS (GÉO-POSSITIONEMENT PAR SATELLITE, SYSTEME DE POSSITIONEMENT MONDIAL)	GPS (SISTEMA DE POSICIONAMENTO GLOBAL)	GPS (GLOBAL POSITIONING SYSTEM)
N172	GRES	GRES	GRÊS, GRÉS	STONEWARE
N173	GRUPO ÉTNICO INSTRUIDO	GROUPE ETHNIQUE CULTIVÉ	GRUPO ÉTNICO INSTRUÍDO	LITERATE ETHNIC GROUP
N174	GUBIAS	GOUGE	FORMÃO	GOUGE

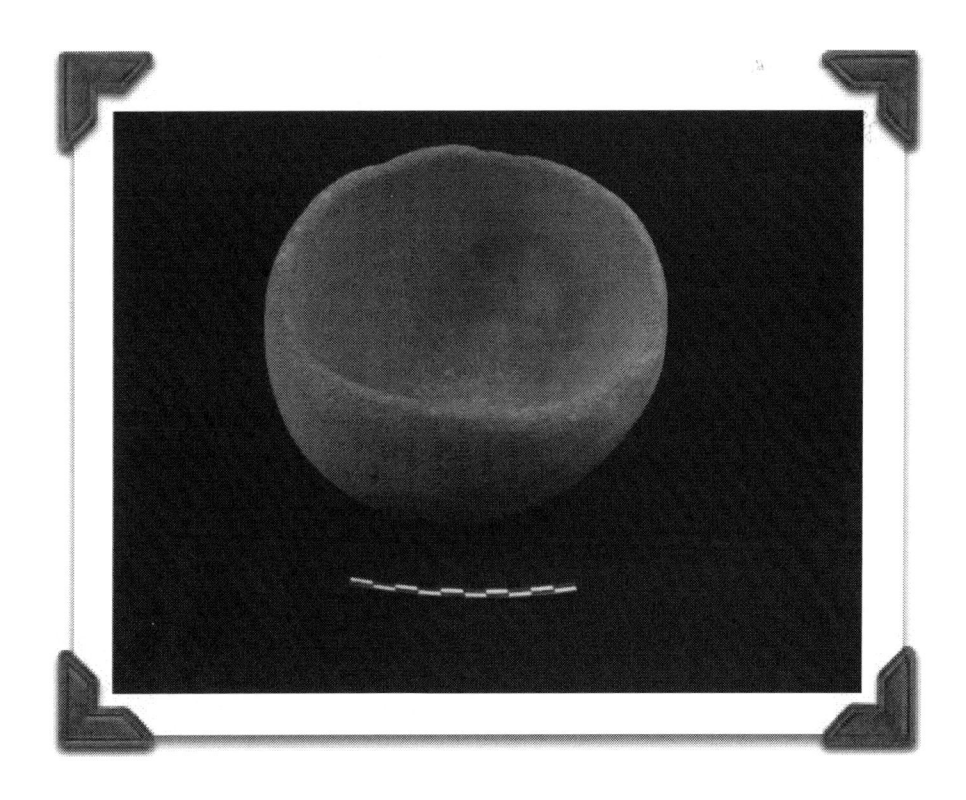

Mortero
Mortier
Almofariz
Mortar

Pintaderas
Timbres Du Corps
Pintadeira
Ceramic Stamp

❊ H ❊

Num.	Español	Française	Portugués	English
N175	HACHAS DE PIEDRA	HACHE EN PIERRE	MACHADOS DE PEDRA	STONE AXES
N176	HAMACA	HAMAC	ESPREGUIÇADEIRA	HAMMOCK
N177	HEMISFÉRICO(A)	HÉMISPHÉRIQUE	HEMISFÉRICO(A)	HEMISPHERIC
N178	HIPÓTESIS DE EDAD-ÁREA	HYPOTHÈSE ÂGE-RÉGION	HIPOTHÉSE IDADE-ÁREA	AGE-AREA HYPOTHESIS
N179	HISTORIA ARQUEOLÓGICA	HISTOIRE ARCHÉOLOGIE	HISTÓRIA ARQUEOLÓGICA	ARCHEOLOGICAL HISTORY
N180	HISTÓRICO(A)	HISTORIQUE	HISTÓRICO(A)	HISTORIC
N181	HOGAR	FOYER	LAR	HEARTH

Punta De Flecha
Pointe De Flèche
Ponta De Flecha
Arrow Tip

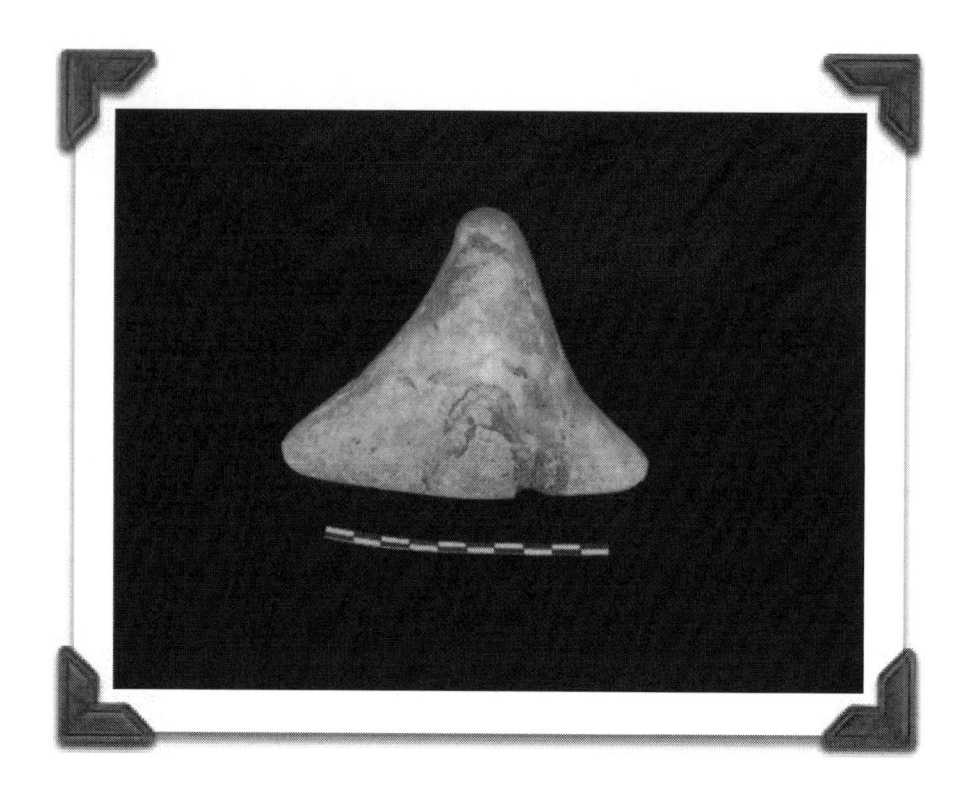

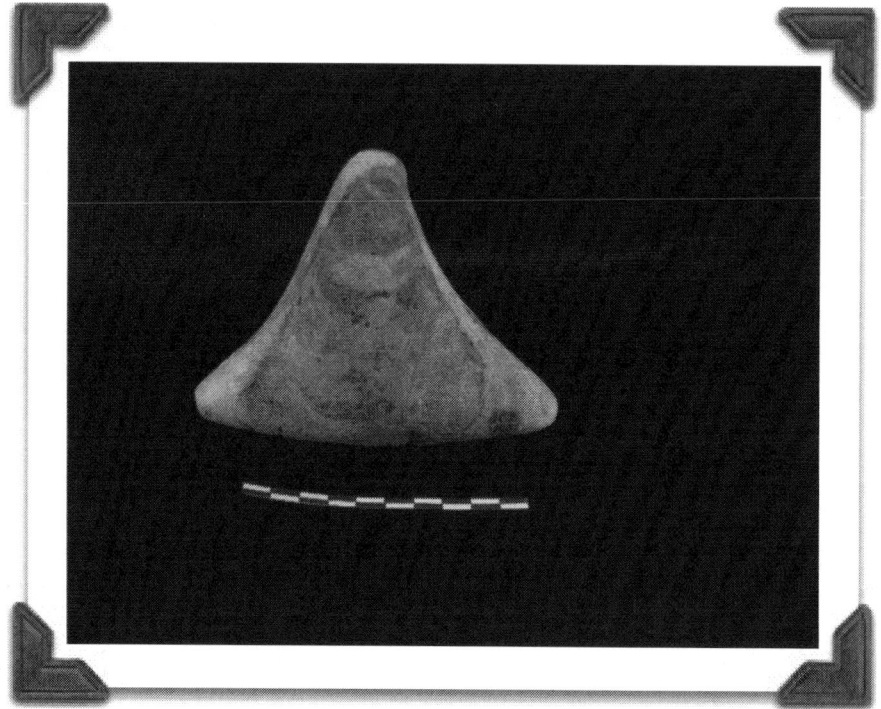

Trigonolito
Pierre Des Trois Angles
Pedra De Três Ângulos
Three Angled Rock

LEXICÓN POLIGLOTA DE ARQUEOLOGÍA

I

Num.	Español	Française	Portugués	English
N182	ICONOGRAFÍA	ICONOGRAPHIE	ICONOGRAFIA	ICONOGRAPHY
N183	IMPERMEABILIZAR	IMPÉRMEABILISER	IMPERMEABILIZAR, IMPERMEAR	WATERPROOF (TO)
N184	IN SITU (EN EL LUGAR)	IN SITU (SUR PLACE)	IN SITU (NO LUGAR)	IN SITU (IN PLACE)
N185	INCRUSTACIÓN	ENTARTRAGE, INCRUSTATION	INCRUSTAÇÃO	INLAY
N186	INSTITUCIÓN DE ACTIVIDAD	INSTITUTION D'ACTIVITÉ	INSTITUÇÃO D'ATIVIDADE	ACTIVITY INSTITUTION
N187	INTERPRETACIÓN	INTREPRÉTATION	INTERPRETAÇÃO	INTERPRETATION
N188	INVESTIGACIÓN SUBMARINA	VERIFICATION SOUS-MARINE	PESQUISA, INVESTIGAÇÃO SUBMARINA	UNDERWATER INVESTIGATION
N189	ISOMORFISMO	ISOMORPHISME	ISOMORFISMO	ISOMORPHISM

Amuleto, Talismán
Amulette, Porte-bonheur
Amuleto, Talismã
Amulet, Charm

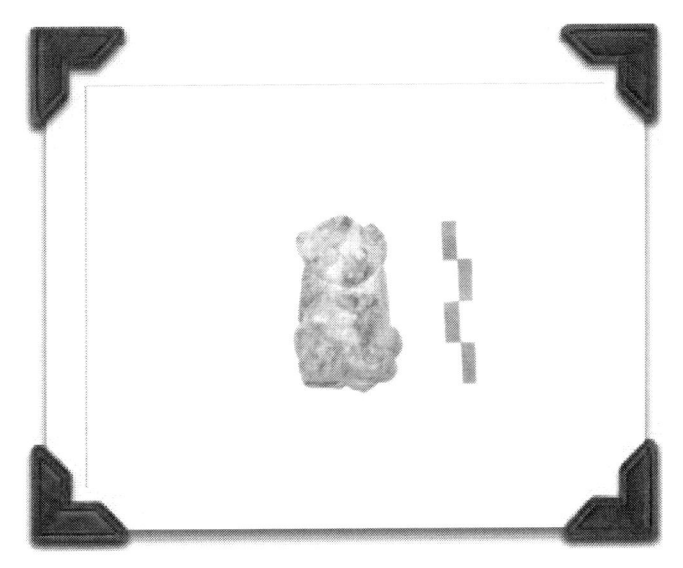

43

Vasija
Jarre, Pot
Vasilha
Vessel

LEXICÓN POLIGLOTA DE ARQUEOLOGÍA

❈ L ❈

Num.	Español	Française	Portugués	English
N190	LAJAS MOLEDERAS	PIERRE PLATE DE BROYER	LAJE DE MOER	GRINDING SLAB
N191	LASCADO	DÉBITAGE	LASCADO	DEBITAGE
N192	LEGADO MATERIAL	HÉRITAGE MATERIEL	HERANÇA (LEGADO) MATERIAL	MATERIAL LEGACY
N193	LOCUS DE ACTIVIDAD	LOCUS D'ACTIVITÉ	LOCUS D'ATIVIDADE	ACTIVITY LOCUS
N194	LUGAR CENTRAL DE RESIDENCIA	LIEU RÉSIDENTIEL	LOCUS (LUGAR) RESIDENCIAL	RESIDENTIAL LOCUS

Asa Zoomorfa Con Engobe Rojo
Anse Zoomorphe Avec Engobe Rouge
Asa Zoomórfica Com Engobe Vermelho
Zoomorphic Handle With Red Engobe

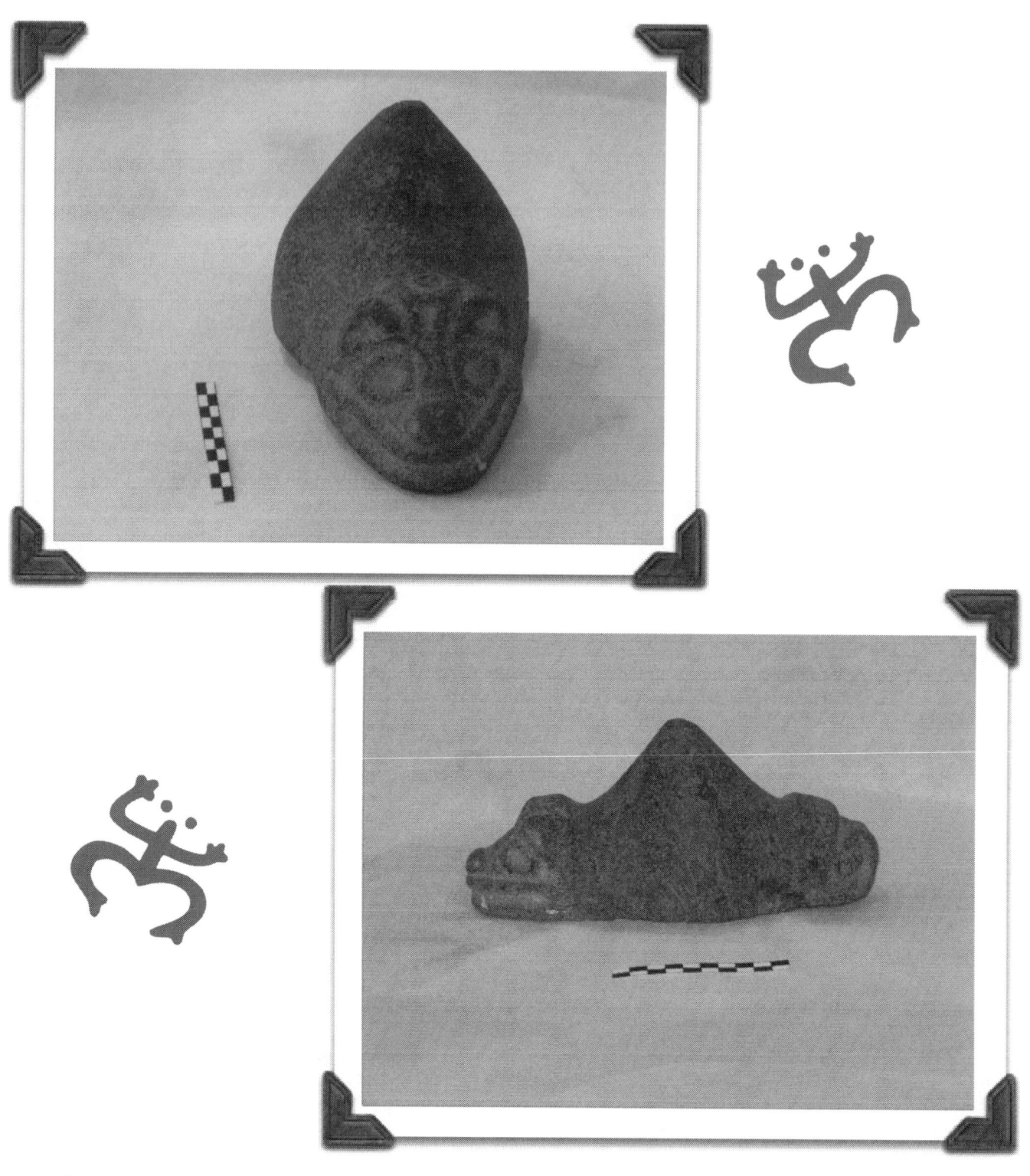

Cemí - Representación De Dioses Taínos
Cemi - Représentation De Quelques Taïno Dieu
Cemi - Representacão De Algum Dieu Taïno
Zemi - Prepresentation Of A Taino God

LEXICÓN POLIGLOTA DE ARQUEOLOGÍA

❖ M ❖

Num.	Español	Française	Portugués	English
N195	MAGNETÓMETRO	MAGNÉTOMÈTRE	MAGNETÓMETRO	MAGNETOMETER
N196	MANO	PILON	PISTILO	PESTLE
N197	MARACAS	MARACA	MARACA	SHAKERS
N198	MATRILINEAL	MATRILINÉAIRE	MATRILINEAR	MATRILINEAL
N199	MEJILLÓN CEBRA	MOULE ZÉBRÉE	MEXHILHÃO ZEBRA	ZEBRA MUSSELS
N200	METODOLOGÍA DE CAMPO	MÉTHODOLOGIE DU CHAMP DE RECHERCHE	METODOLOGIA DE CAMPO	FIELD METHODOLOGY
N201	MÉTODOS DE TRABAJO DE CAMPO	MÉTHODOLOGIES DU TRAVAIL DE TERRAIN	METODOLOGIAS DE PESQUISA FORA DO LABORATORIO	FIELDWORK METHODS
N202	MIGRACIÓN	MIGRATION	MIGRAÇÃO	MIGRATION
N203	MODELO ANTROPOLÓGICO	MODÈLE ANTHROPOLOGIQUE	MODELO ANTROPOLÓGICO	ANTHROPOLOGICAL MODEL
N204	MODELO ENREJILLADO	MODEL EN TREILLIS	MODELO EN TRELIÇA	TRELLIS MODEL
N205	MONUMENTO	MONUMENT	MONUMENTO	MONUMENT, MEMORIAL
N206	MORFOLOGÍA	MORPHOLOGIE	MORFOLOGIA	MORPHOLOGY
N207	MORTERO, ALMIREZ Y MANO	MORTIER ET PILON	ALMOFARIZ, MORTEIRO E PISTILO	MORTAR AND PESTLE
N208	MOSAICO FOTOGRÁFICO	PHOTOMOSAÏQUE	FOTOMOSAICO	PHOTO MOSAIC

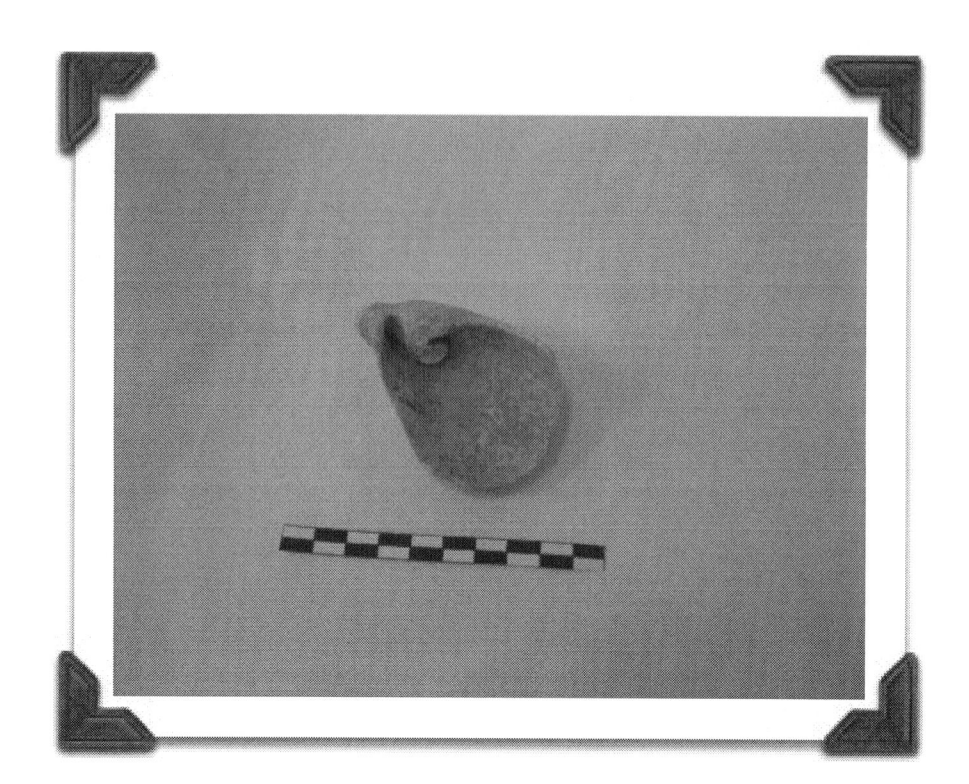

Gubia
Gouge
Formão
Gouge

Cuentas De Caracol
Perles De Coquillage
Miçangas De Caracol
Seashell Bead

N

Num.	Español	Française	Portugués	English
N209	NABORIAS - ALDEANOS QUE TRABAJAN LA TIERRA	NABORIAS - VILLAGEOIS QUI TRAVAIL SUR LE SOL	NABORIAS - ALDEÃOS QUE TRABALHAN NA TERRA	NABORIAS - VILLAGERS WHO WORKED THE LAND
N210	NEMOTECNIA, MNEMOTECNIA	MNÉMOTECHNIQUE	MNEMÔNICA	MNEMONIC
N211	NICHO ECOLÓGICO	NICHE ÉCOLOGIQUE	NICHO ECOLÓGICO	ECOLOGICAL NICHE
N212	NIGUA	CHIQUE	BICHO DE PÉ	CHIGOE FLEA, JIGGER
N213	NITAINO - NOBLES DE LA TRIBU	NITAINO - NOBLES DES TRIBUS	NITAINOS - NOBRES DA TRIBO	NITAINO - NOBLES OF THE TRIBE
N214	NÚCLEO, CENTRO	CŒUR	NÚCLEO, ÂMAGO	CORE

Petroglifo
Pétroglyphe
Petróglifo
Petroglyph

Mortero
Mortier
Almofariz
Mortar

Mano
Pilon
Pistilo
Pestle

50

LEXICÓN POLIGLOTA DE ARQUEOLOGÍA

❖ O ❖

Num.	Español	Française	Portugués	English
N215	OFRENDAS DE SACRIFICIO	OFFRANDES DE SACRIFICE	OFERENDAS DE SACRIFÍCIO	SACRIFICE OFFERINGS
N216	OJIVA	OGIVE, TIERS-POINT	OGIVA	OGIVE, POINTED-ARCH
N217	OLEADAS	VAGUE	VAGA	WAVE
N218	OLLA, MARMITA	MARMITE	PANETA, MARMITA	KETTLE, POT, BOILER
N219	ORDENAMIENTO CRONOLÓGICO	RANGEMENT CHRONOLOGIQUE	ORDENAMENTO CRONOLÓGICO	CHRONOLOGICAL ORDERING
N220	ORDENAMIENTO DEL TERRITORIO	AMÉNAGEMENT DU TERRITOIRE	ORDENAMENTO DO TERRITÓRIO	TERRITORY ZONING
N221	ORIGEN, PROCEDENCIA	ORIGIN	ORIGEM, PROCÊDENCIA	PROVENANCE
N222	OROGRAFÍA	OROGRAPHIE	OROGRAFIA	OROGRAPHY

Codos De Piedra
Couds À Pierre
Joelho De Pedra
Stone Elbow

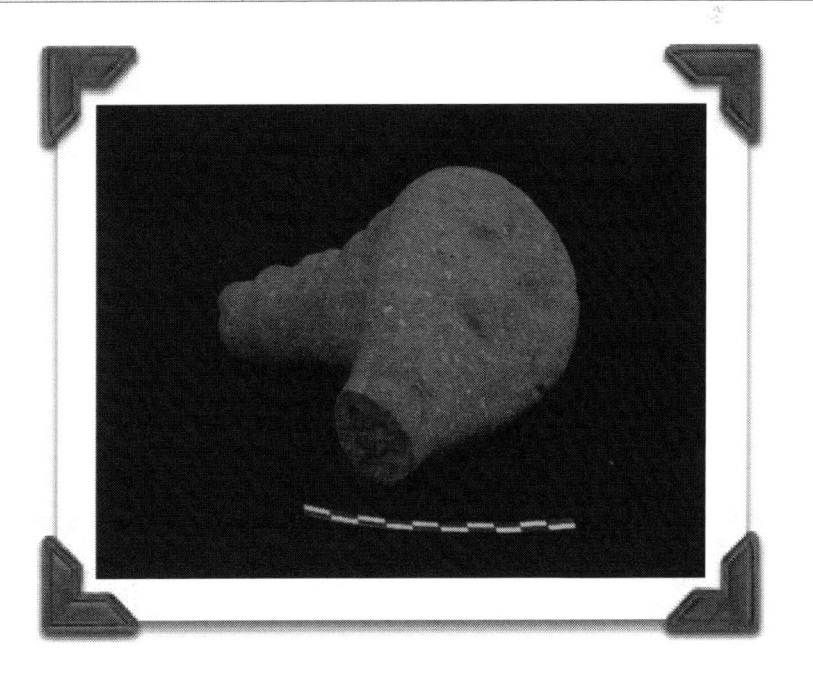

51

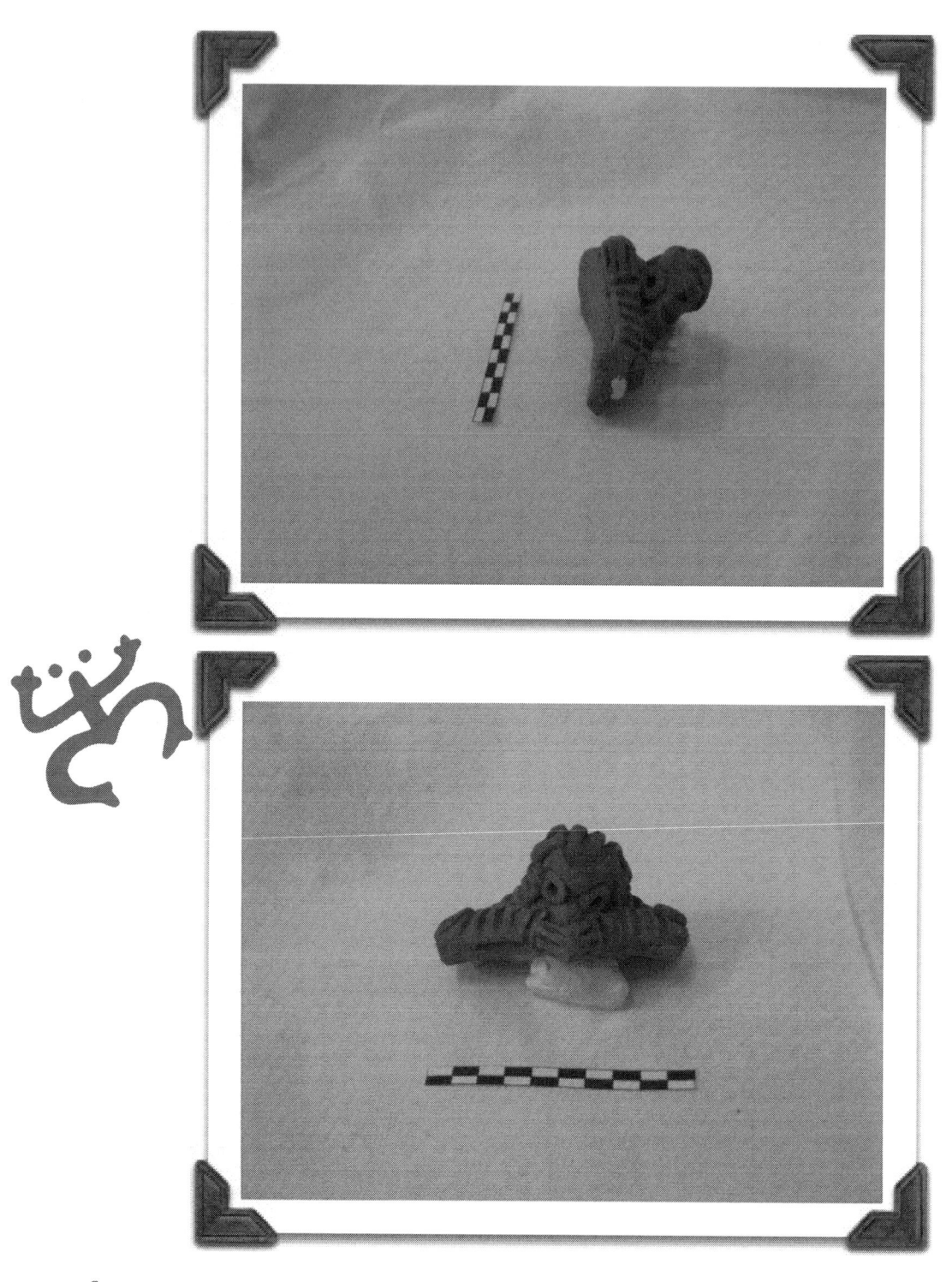

Asa Zoomorfa Con Engobe Anaranjado
Anse Zoomorphe Avec Engobe Orangé
Asa Zoomórfica Com Engobe Alaranjado
Zoomorphic Handle With Orange Engobe

LEXICÓN POLIGLOTA DE ARQUEOLOGÍA

P

Num.	Español	Française	Portugués	English
N223	PALEOAMERICANO(A)	PALÉOAMERICAIN(NE)	PALEOAMERICANO(A)	PALEOINDIAN, PALEOAMERICAN
N224	PALEONTOLOGÍA	PALÉONTOLOGIE	PALEONTOLOGIA	PALEONTOLOGY
N225	PALEONTÓLOGO	PALÉONTOLOGUE	PALEONTÓLOGO	PALEONTOLOGIST
N226	PARENTESCO	DE PARENTÉ	PARENTESCO	KINSHIP
N227	PATRILINEAL	PATRILINÉAIRE	PATRILINEAR	PATRILINEAL
N228	PATRILOCALIDAD	PATRILOCALITÉ	PATRILOCALIDADE	PATRILOCALIDAD
N229	PATRÓN	MODÈLE	PADRÃO	PATTERN
N230	PATRÓN DE ACTIVIDAD	MODÈLE D'ACTIVITÉ	PADRÃO D'ATIVIDADE	ACTIVITY PATTERN
N231	PATRÓN DE ASENTAMIENTO NEOLÍTICO	PATRON D'ÉTABLISSEMENT NÉOLITHIQUE	PADRÃO D'ASSENTAMENTO NEOLÍTICO	NEOLITHIC SETTLEMENT PATTERN
N232	PATRÓN DE BÚSQUEDA	PATRON DE RECHERCHE	PADRÃO DE PROCURA	SEARCH PATTERN
N233	PATRÓN DE TRASLADO	PATRON DE RELOCALISATION	PADRÃO DE MUDANÇA	RELOCATION PATTERN
N234	PERCUTOR	PERCUTEUR	PERCUTOR	HAMMERSTONE
N235	PERFORACIÓN	PERFORATION, PIERCING	PERFURAÇÃO, PIRCINGUE	PERFORATION, PIERCING
N236	PERIODO CRETÁCEO (CRETÁCICO) INFERIOR	PERIODE CRÉTACE INFERIEUR	PERÍODO CRETÁCEO (CRETÁCICO) INFERIOR	LOWER CRETACEOUS PERIOD

53

N237	PERIODO CRETÁCEO (CRETÁCICO) SUPERIOR	PERIODE CRÉTACE SUPERIEUR	PERÍODO CRETÁCEO (CRETÁCICO) SUPERIOR	SUPERIOR CRETACEOUS PERIOD
N238	PERIODO DE CONTACTO	PÉRIODE DE CONTACT	PERÍODO DE CONTATO	CONTACT PERIOD
N239	PESCADORES-RECOLECTORES	PÊCHEURS-COLLECTEURS	PESCADORES-COLETORES	FISHERS AND COLLECTORS
N240	PETROGLIFO	PÉTROGLYPHE	PETRÓGLIFO	PETROGLYPH
N241	PICTOGRAMA	PICTOGRAMME	PICTOGRAMA	PICTOGRAM
N242	PINTADERAS	TIMBRES DU CORPS	PINTADEIRA	CERAMIC STAMP
N243	PINTURA RUPESTRE	ART PARIÉTAL	ARTE RUPESTRE	ROCK ART
N244	PIPA DE ARCILLA	PIPE D'ARGILE	CACHIMBO EM ARGILA	CLAY PIPES
N245	PIRAGUA	PIROGUE	CANOA, PIRÁGUA	DOGOUT CANOE
N246	PLATO	ASSIETTE, PLATE	PRATO	PLATE
N247	PRECERÁMICO	PRE-CÉRAMIQUE	PRECERÂMICO	PRE-CERAMIC, PRE-POTTERY
N248	PREDISPOSICIÓN	BRAQUEMENT	PREDISPOSIÇÃO	BIAS
N249	PREHISTORIA	PRÉHISTOIRE	PRÉ-HISTÓRIA	PREHISTORY
N250	PREHISTÓRICO TARDÍO	PREHISTORIQUE TARDIF	PRE-HISTÓTICO ATRASADO	LATE PREHISTORIC
N251	PROXIMAL	PROXIMAL(E)	PROXIMAL	PROXIMATE
N252	PULIDORA	POLISSOIR	POLIDORA	POLISHER

LEXICÓN POLIGLOTA DE ARQUEOLOGÍA

N253	PUNTA DE FLECHA	POINTE DE FLÈCHE	PONTA A FLECHA	ARROW TIP
N254	PUNTA DE PROYECTIL	POINTE DE PROJECTILE	PONTA DE PROJÉTIL	PROJECTILE POINT

Cuentas De Hueso
Perles D'os
Miçangas D'osso
Bone Beads

Mortero
Mortier
Almofariz
Mortar

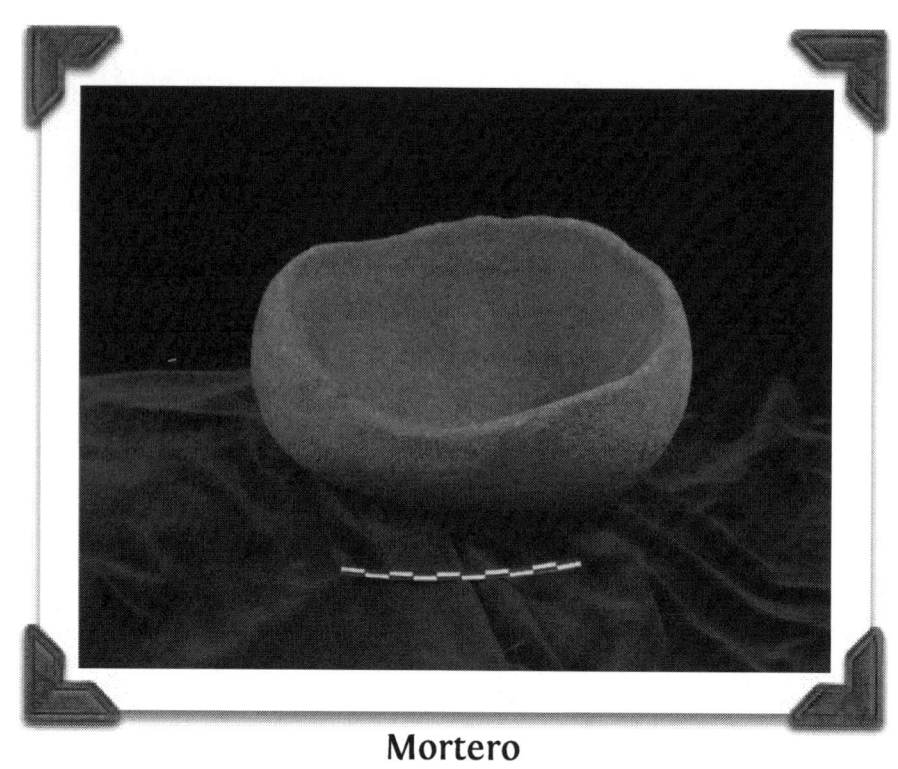

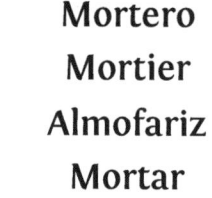

Mano
Pilon
Pistilo
Pestle

R

Num.	Español	Française	Portugués	English
N255	RAEDERA, RASPADOR	GRATTOIRE, RACLOIR	RASPADEIRA, RASPADOR	SCRAPER
N256	REBORDE	CRÉNELAGE, REBORD, SUAGE	REBORDO, BORDA, MOLDURA	EDGE, RIM
N257	RECOLECCIÓN	CUEILLETTE	COLHEITA	HARVEST
N258	RECONOCIMIENTO AÉREO	RECONNAISSANCE AÉRIEN	RECONHECIMENTO AÉREO	AIR SURVEY
N259	RECONSTRUCCIÓN	RECONSTRUCTION	RECONSTRUÇÃO	RECONSTRUCTION
N260	RECONSTRUCCIÓN ETNOGRÁFICA	RECONSTRUCTION ETHNOGRAPHIQUE	RECONSTRUÇÃO ETNOGRAFICA	ETHNOGRAPHIC RECONSTRUCTION
N261	RECURSOS CULTURALES	RESSOURCES CULTURELS	RECURSOS CULTURALES	CULTURAL RESOURCES
N262	REJILLA, CUADRÍCULA	GRILLE	GRADE	GRID
N263	RELIEVE	RELIEF	RELEVO	RELIEF
N264	REPUJADO	EMBOSSAGE	EM RELEVO	EMBOSSED
N265	RESTOS ARQUEOLÓGICOS	DÉPOUILLAGES ARCHÉOLOGIQUES	RESTOS ARQUEOLÓGICOS	ARCHEOLOGICAL REMAINS
N266	REVESTIMIENTO DE COBRE	RÊVETEMENT DE CUIVRE	REVESTIMENTO DE COBRE	COPPER SHEATHING
N267	REVESTIMIENTO DE PLOMO	RÊVETEMENT DE PLOM	REVESTIMENTO DE PROMO	LEAD SHEATHING
N268	RITO	RITE, RITUEL	RITO	RITE

NANCY R. SANTIAGO CAPETILLO, PHD

N269	ROZA Y QUEMA	AGRICULTURE SUR BRÛLIS	ROÇA E QUEIMADA	SLASH AND BURN

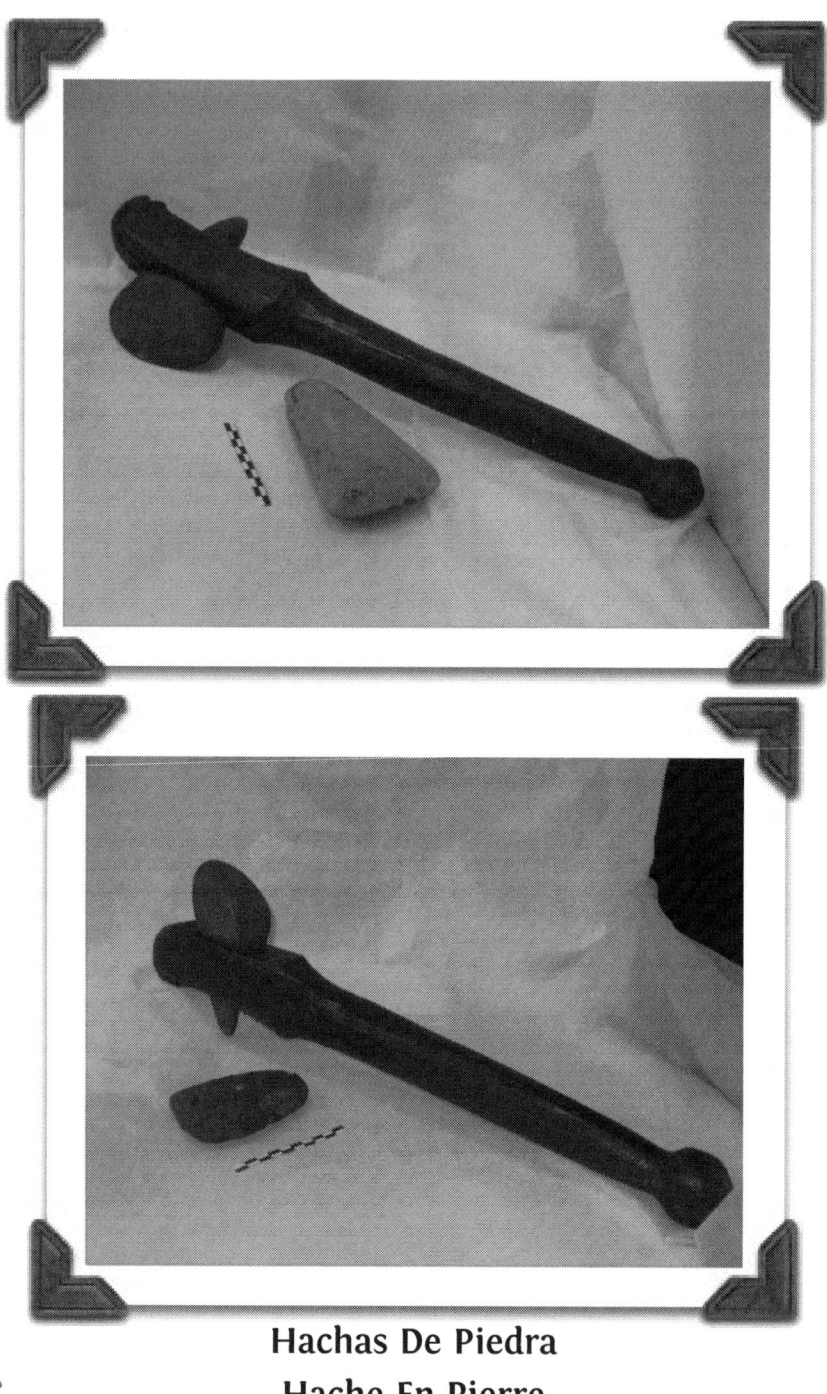

Hachas De Piedra
Hache En Pierre
Machados De Pedra
Stone Axes

58

LEXICÓN POLIGLOTA DE ARQUEOLOGÍA

❖ S ❖

Num.	Español	Française	Portugués	English
N270	SAQUEO	PILLAGE	DE PILHAGEM	LOOTING
N271	SECUENCIA	ORDRE	SEQÜÊNCIA	SEQUENCE
N272	SELECCIÓN NATURAL	SÉLECTION NATURELLE	SELEÇÃO NATURAL	NATURAL SELECTION
N273	SERIACIÓN	SÉRIATION	SERIAÇÃO	SERIATION
N274	SEXTANTE	SEXTANT	SEXTANTE	SEXTANT
N275	SÍLEX, PEDERNAL	SILEX, PIERRE À FEU, PIERRE DE SOLEIL	SÍLEX	FLINT, CHERT
N276	SOCIEDAD MATRIARCAL	SOCIÉTÉ MATRIARCALE	SOCIEDADE MATRIARCAL	MATRIARCHAL SOCIETY
N277	SOCIEDAD PATRIARCAL	SOCIÉTÉ PATRIARCALE	SOCIEDADE PATRIARCAL	PATRIARCHAL SOCIETY

Hachas De Coral
Haches En Corail
Machados De Coral
Coral Axes

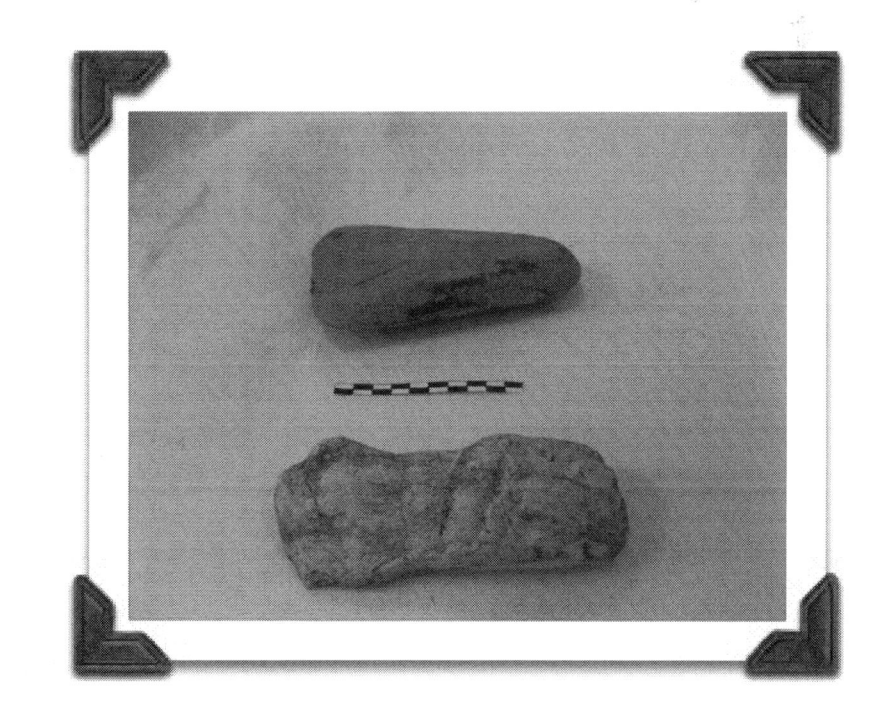

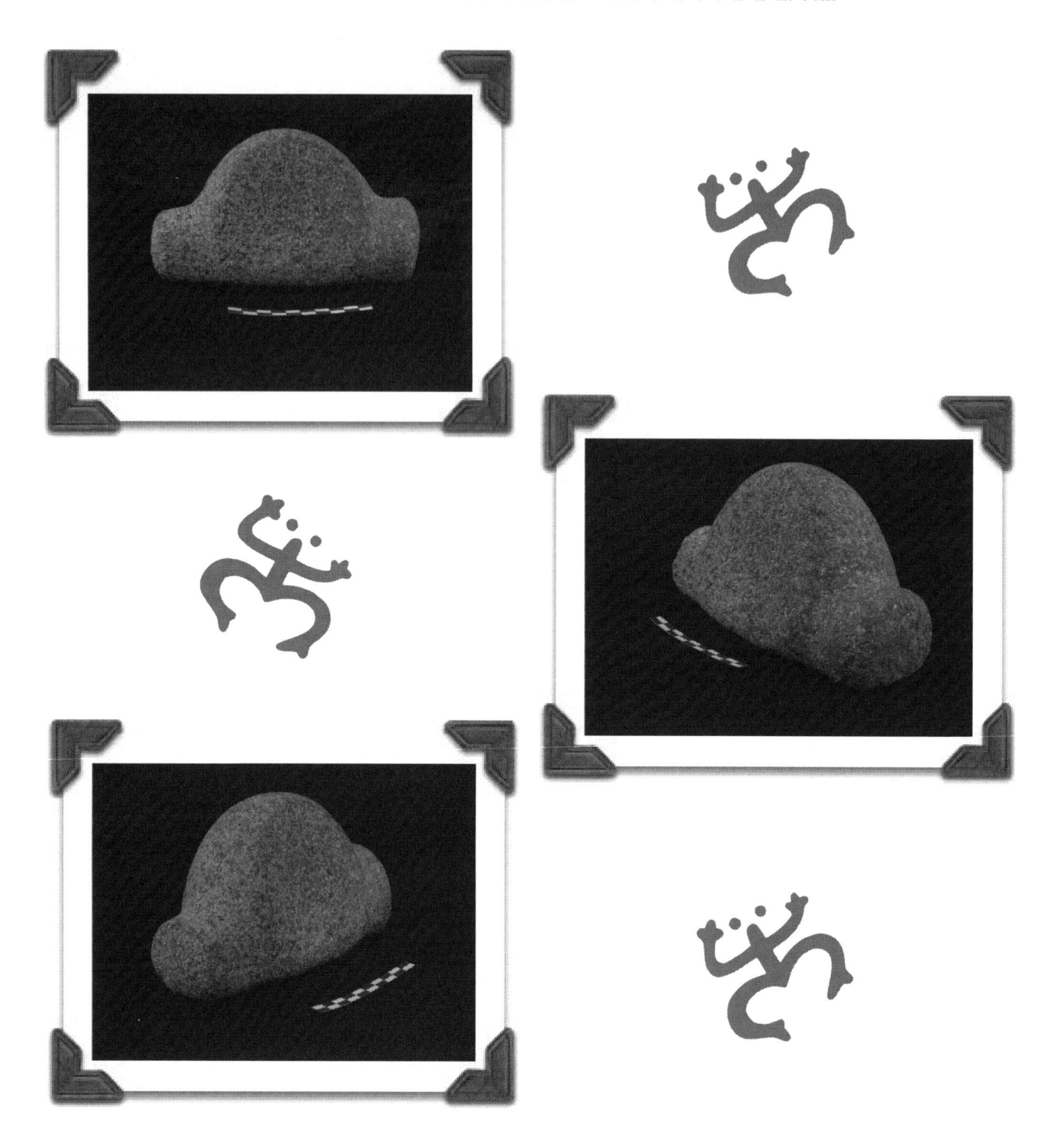

Cemí - Representación De Dioses Taínos
Cemi - Représentation De Quelques Taïno Dieu
Cemi - Representacão De Algum Dieu Taïno
Zemi - Prepresentation Of A Taino God

LEXICÓN POLÍGLOTA DE ARQUEOLOGÍA

❧ T ❧

Num.	Español	Française	Portugués	English
N278	TAÍNOS - HABITANTES PRECOLOMBINOS DE LAS ANTILLAS	TAÏNOS - HABITANTS PRE-COLOMBIENNES DES ANTILLES	TAÍNOS - HABITANTES PRÉ-COLOMBIANOS DAS ANTILHAS	TAÍNOS - PRE-COLUMBIAN INHABITANTS OF THE ANTILLES
N279	TALLA LÍTICA	TAILLE LÍTHIQUE	TALHA LÍTICA	KNAPPING
N280	TALLADO(A)	TAILLÉ(E)	TALHADO(A)	CARVED
N281	TERMOLUMINISCENCIA	THERMOLUMINESCENSE	TERMOLUMINESCÊNCIA	THERMOLUMINISCENCE
N282	TIPOLOGÍA	TYPOLOGIE	TIPOLOGÍA	TYPOLOGY
N283	TIPOLOGÍA DE PARENTEZCO Y MATRIMONIO	TYPOLOGIE DE PARENTAGE ET MARIAGE	TIPOLOGIA DE PARENTESCO E MATRIMÔNIO	TYPOLOGY OF KINSHIP AND MARRIAGE
N284	TORNO DE ALFARERO	TOUR DE POTIER	RODA DE OLEIRO	POTTER'S WHEEL
N285	TÓTEM	TOTEM	TOTEM	TOTEM
N286	TOTÉMICO	TOTÉMIQUE	TOTÊMICO	TOTEMIC
N287	TOTEMISMO	TOTÉMISME	TOTEMISMO	TOTEMISM
N288	TRABAJO DE CAMPO	TRAVAIL DE TERRAIN	PESQUISA, INVESTIGAÇÃO FORA DO LABORATÓRIO	FIELDWORK
N289	TRAZADOR DE GRÁFICAS	TRACEUR DES GRAPHICS	TRAÇADOR DE GRÁFICAS	PLOTTER
N290	TRIGONOLITO	PIERRE DES TROIS ANGLES	PEDRA DE TRÊS ÂNGULOS	THREE ANGLED ROCK

N291	TÚMULO(S)	TUMULUS, TERTRE	MAMON, TUMULUS/ (PL.) TUMULI	TUMULUS/(PL.) TUMULI
N292	TURBERA	TURBIÈRE	PAUL	BOG

Percutor
Percuteur
Percutor
Hammerstone

U

Num.	Español	Française	Português	English
N293	UNIDAD DE EXCAVACIÓN	UNITÉ DE FOUILLE	UNIDADE D'EXCAVAÇÃO	EXCAVATION UNIT
N294	UNIFAZ	UNIFACE	UNIFACE	UNIFACE

Caracola Reina (strombus Gigas)
Lambi (strombus Gigas)
Concha-rainha (eustrombus Gigas)
Queen Conch (strombus Gigas)

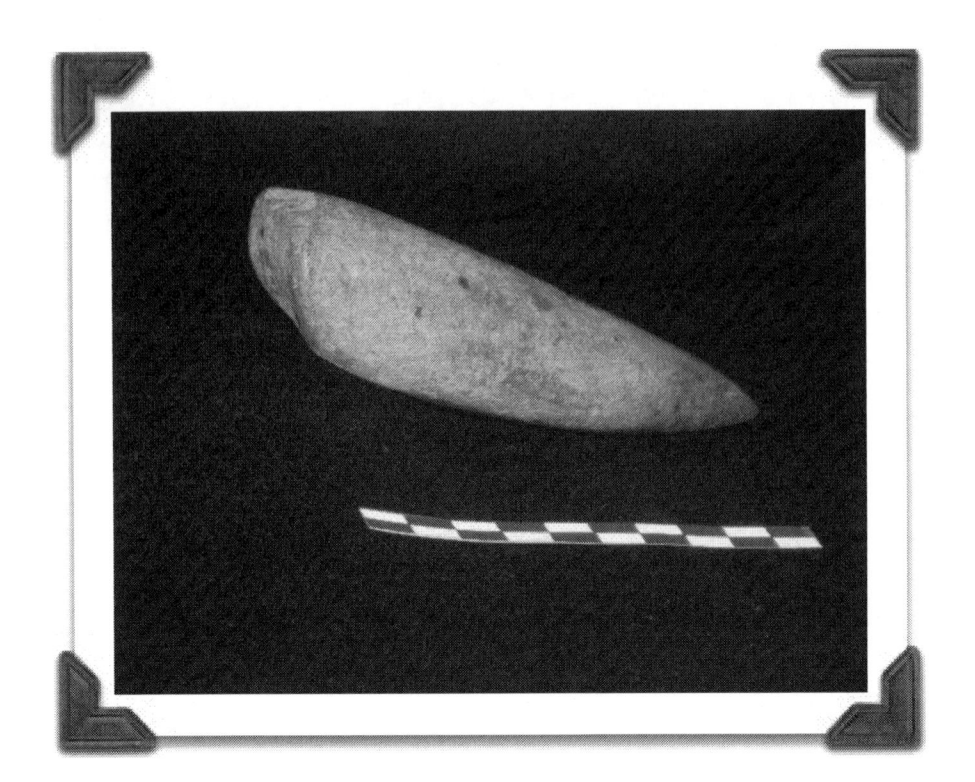

Buril, Cinsel
Burin, Ciselet, Échoppe
Buril
Burin, Engraver's Chisel

LEXICÓN POLIGLOTA DE ARQUEOLOGÍA

V

Num.	Español	Française	Portugués	English
N295	VARVA	VARVE	VARVA	VARVE
N296	VASIJA	JARRE, POT	VASILHA	VESSEL
N297	VIVIENDA SOBRE PILOTES	LOGEMENT EN PIEU	DOMICÍLIO EM ESTACAS	PILE DWELLING

Vasija
Jarre, Pot
Vasilha
Vessel

Punta De Flecha
Pointe De Flèche
Ponta De Flecha
Arrow Point

Hachas De Caracol
Haches De Coquillage
Machados De Caracol
Seashell Axes

LEXICÓN POLIGLOTA DE ARQUEOLOGÍA

❖ Y ❖

Num.	Español	Française	Portugués	English
N298	YACIMIENTO ARQUEOLÓGICO	GISEMENT ARCHÉOLOGIC	JAZIDA ARQUEOLÓGICA	ARCHAEOLOGICAL SITE
N299	YUCA, MANDIOCA	YUCCA, MANIOC	IÚCA, MANDIOCA	CASSAVA ROOT

Asa Zoomorfa
Anse Zoomorphe
Asa Zoomórfica
Zoomorph Handle

Asa Zoomorfa
Anse Zoomorphe
Asa Zoomórfica
Zoomorph Handle

67

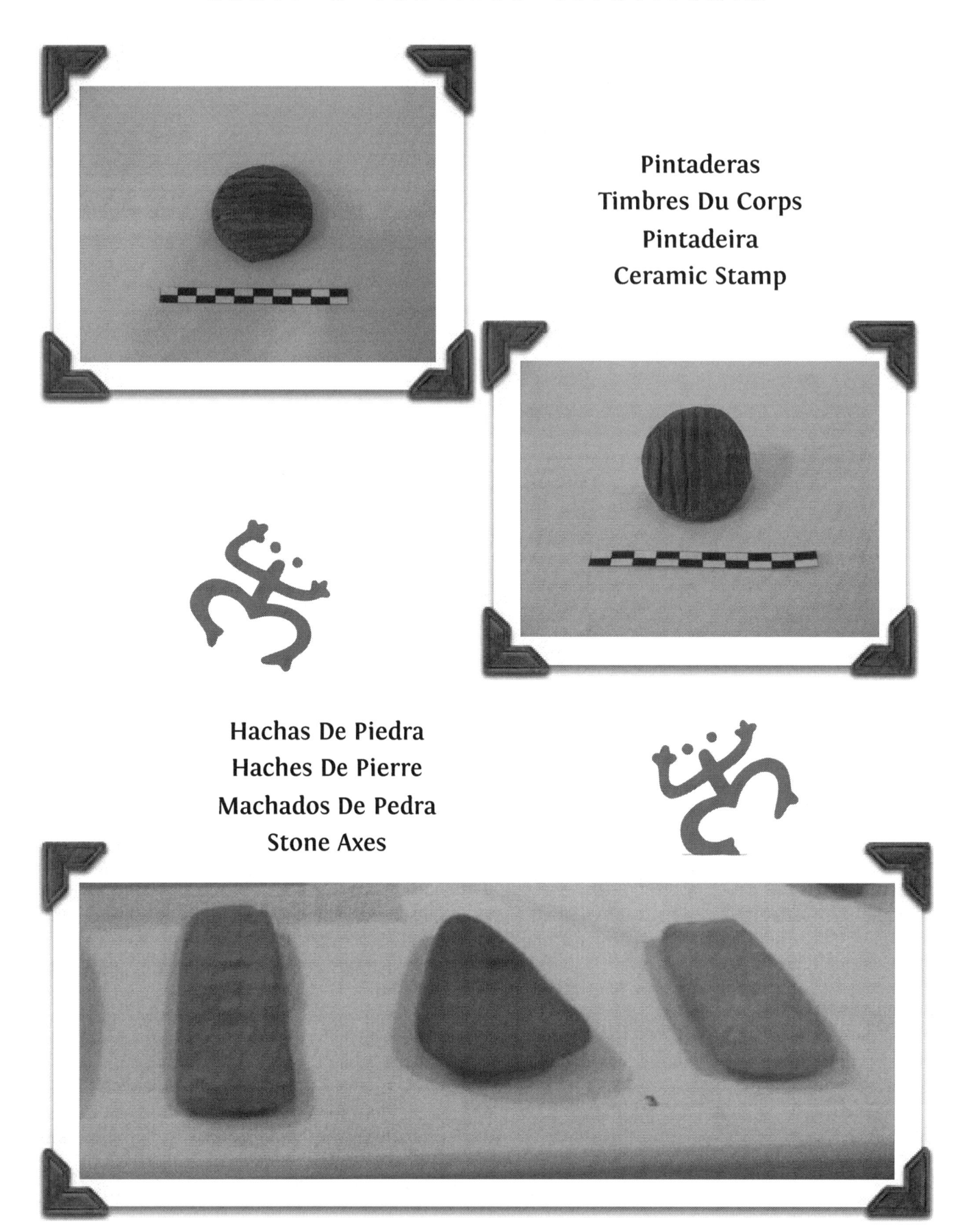

Pintaderas
Timbres Du Corps
Pintadeira
Ceramic Stamp

Hachas De Piedra
Haches De Pierre
Machados De Pedra
Stone Axes

LEXICÓN POLIGLOTA DE ARQUEOLOGÍA

❖ Z ❖

Num.	Español	Française	Português	English
N300	ZOOMORFO	ZOOMORPHISME	ZOOMÓRFICO	ZOOMORPHIC

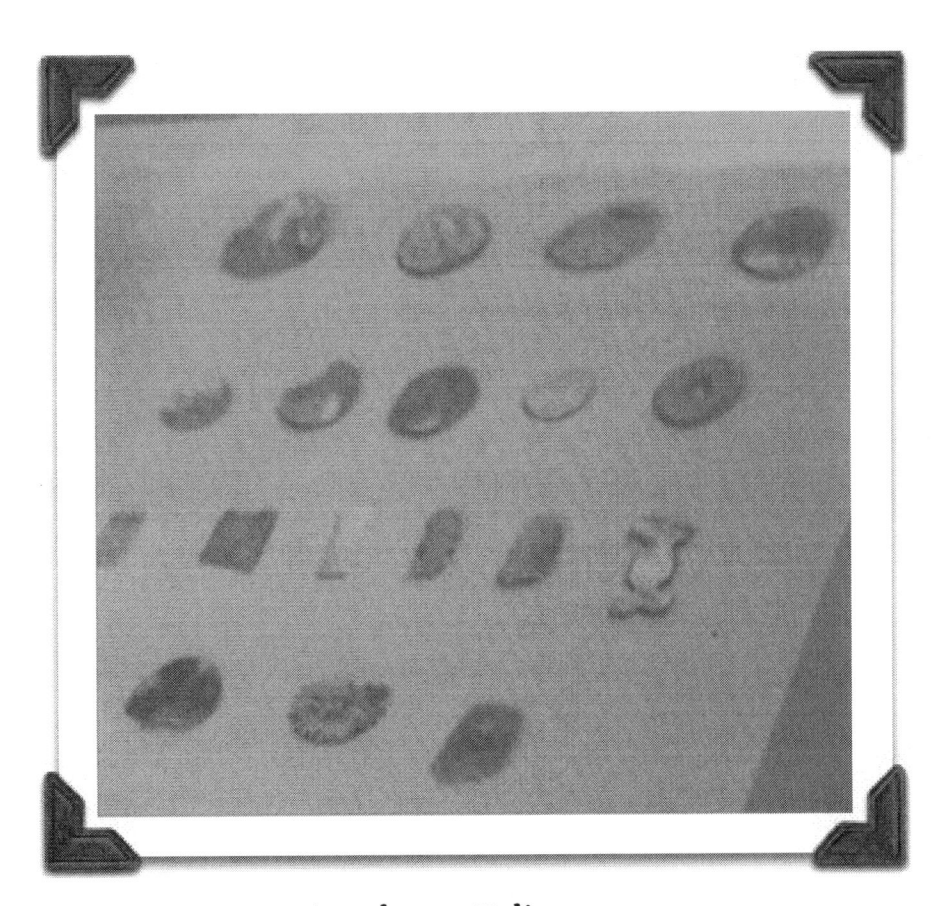

Amuletos, Talismanes
Amulettes, Porte-bonheurs
Amuletos, Talismães
Amulets, Charmes

69

Representación Taína De La Maternidad
Representation Taïna De La Maternité
Representação Taína Da Maternidade
Taino Indian Representation Of Maternity

APÉNDICE
ANNEXE
APÊNDICE
APPENDIX

Termes En Français

Ce travail comprendre des mots qui s'utilisent dans l'Archéologie du Caraïbe. Ils sont trouvé en différentes littérature relative au ce champ de la Science. Le vocabulaire à été arrangé dans un listage principal où on trouve les mots en Espagnol, Français, Portugais et Anglaise. Pour trouver l'équivalent d'un mot Français, cherchez le nombre après chaque mot dans le listage alphabétique en Français ; allez au listage principal et cherche le nombre assigné et vous trouverais les équivalentes en Espagnol, Portugais et Anglais. On peut trouver le listage principal aux pages 19 to 69.

Termos Em Português

Este trabalho comprende dos termos utilizados na Arqueología do Caribe. Encontrar-se em diferentes literaturas relativas ao campo dissa ciência. O vocábulario está arrumado numa lista principal onde aparecen os vocábulos em espanhol, francês, português e inglês. Para encontrar uma palavra portuguesa, você pode-se remeter na lista alfabética em português e com o número ao lado da palavra você pode procurar na lista principal um equivalente em espanhol, francês e inglês. O listagem principal encontrar-se nas páginas 19 to 69.

Terms In English

This work gathers the words used in Caribbean Archaeology. They are found in diverse literature of said field of Science. The vocabulary is arranged in a principal list where you can find the words in Spanish, French, Portuguese and English. To find a word, search in the English alphabetical list and with the number assigned you can find in the principal list the equivalents in Spanish, French and Portuguese. The principal list appears in pages 19 to 69.

listage alphabetique
lista alfabética
alphabetical list

FRANÇAISE	Cherche le mot nombre	PORTUGUÊS	Procurar o vocábulo número	ENGLISH	Look for the word number
acculturation	n2	a.C.	n1	A.D.	n116
adaptation écologique	n3	a.p. (antes do presente)	n62	absolute chronology	n88
ADN - acid désoxyribonucléique	n5	aculturação	n2	absolute dating	n118
agriculture sur brûlis	n269	adaptação ecológica	n3	acculturation	n2
agro-céramique	n6	administração	n4	activity assemblage	n140
alluvions	n13	ADN - ácido desoxirribonucleico	n5	activity classification	n93
aménagement du territoire	n220	agro-cerâmico	n6	activity co-pattern	n109
amphore	n17	água salobra	n7	activity diagnostic complex	n98
amulette, porte-bonheur	n14	alisar	n9	activity institution	n186
analogie	n15	almofariz, morteiro e pistilo	n207	activity locus	n193
ancrage spatial	n16	alto-relevo	n10	activity pattern	n230
animisme	n18	alucinação, delirio	n11	age-area hypothesis	n178
anomalies dentaires	n19	alucinógeno	n12	agricultural-ceramic	n6
anthropogonique	n21	aluvião	n13	air survey	n258
anthropologie	n22	amuleto, talismã	n14	alluvium	n13
anthropologie culturelle	n24	analogia	n15	amphora	n17

LEXICÁN POLIGLOTA DE ARQUEOLOGÍA

FRANÇAISE	Cherche le mot nombre	PORTUGUÊS	Procurar o vocábulo número	ENGLISH	Look for the word number
anthropologie écologique	n25	ancoragem espacial	n16	amulet, charm	n14
anthropologie economique	n26	ânfora	n17	analogous change	n71
anthropologie educative	n27	animismo	n18	analogy	n15
anthropologie linguistique	n28	anomalías dentales	n19	analytic disciplines	n126
anthropologie médicale	n29	antiguidade	n20	analytic strategy	n147
anthropologie politique	n30	antropogônico	n21	animism	n18
anthropometric	n31	antropologia	n22	anthropogonic	n21
anthropomorphisme	n32	antropologia arqueológica	n23	anthropological model	n203
anthroponymie	n33	antropologia cultural	n24	anthropology	n22
antiquité	n20	antropologia ecológica	n25	anthropometry	n31
antropologie archéologique	n23	antropologia econômica	n26	anthropomorphism	n32
apprivoiser, domestiquer	n131	antropologia educacional	n27	anthroponomastics	n33
aprés J.C.	n116	antropologia lingüística	n28	Antillean arc	n38
arbre de la vie	n36	antropologia médica	n29	antiquity	n20
arbre de l'abondance	n35	antropologia política	n30	archaeological anthropology	n23
arc antillais	n38	antropométrico	n31	archaeological context	n106

FRANÇAISE	Cherche le mot nombre	PORTUGUÊS	Procurar o vocábulo número	ENGLISH	Look for the word number
archaïque	n37	antropomorfismo	n32	archaeological site	n298
archéologie	n41	antroponímia	n33	archaeology, archeology	n41
archéologie de sauvetage	n42	anzol, isca	n34	Archaic	n37
archéologie historique	n43	arcáico (a)	n37	archeological history	n179
archéologie nautique	n44	arco antilhano	n38	archeological remains	n265
archéologie riveraine	n45	areito - danças e canções dirigia por uma pessoa principal que recita histórias	n39	archeomagnetism	n47
archéologie sous-marine	n46	arpão	n40	areïto - dances and songs directed by a principal who recited stories	n39
archéomagnetisme	n47	arqueologia	n41	arrow tip	n253
areïto - chants et danses dirigé par un personnage principal qui récité des histoires	n39	arqueologia de salvamento	n42	articulation	n50
art pariétal	n243	arqueologia histórica	n43	artifact	n48
artefact períssable	n49	arqueologia nautica	n44	assemblage	n138
artéfact; objet	n48	arqueologia ribeirinha	n45	astrolabe	n53

76

LEXICÓN POLIGLOTA DE ARQUEOLOGÍA

FRANÇAISE	Cherche le mot nombre	PORTUGUÊS	Procurar o vocábulo número	ENGLISH	Look for the word number
articulation	n50	arqueologia subaquática	n46	asymmetric, asymmetrical	n52
assemblage	n138	arqueomagnetismo	n47	B.C.	n1
assemblage culturelle mélangée	n139	arte rupestre	n243	B.P. (before present)	n62
assemblage d'une activité	n140	artefato	n48	basketwork	n87
assemblage morphologique transitoire	n141	artefato perecível	n49	bas-relief, low-reliefe	n55
assiette, plate	n246	articulação	n50	bell-shaped	n74
astrolabe	n53	arvore da abundância	n35	bevel, edge	n59
asymétrique	n52	arvore da vida	n36	beveled	n60
avant J.C.	n1	assentamento	n51	bias	n248
bas-relief	n55	assimétrico(a)	n52	bichrome	n57
bichromie	n57	astrolábio	n53	biface	n58
biface	n58	baixo-relevo	n55	bog	n292
biseau	n60	bando, clã	n91	bog finds	n123
biseau, biseauter, chanfrein	n59	bicho de pé	n212	bohío - taino indian house	n61
bohío - maison des taïno indiens	n61	bicromia	n57	brachycephaly	n63
bordages à clin	n81	biface	n58	brackish water	n7

FRANÇAISE	Cherche le mot nombre	PORTUGUÊS	Procurar o vocábulo número	ENGLISH	Look for the word number
BP (avant le présente)	n62	biselado(a)	n60	burén - plate in which the cassava bread was made	n65
brachycéphalie	n63	bohío - casa dos índios tainos	n61	burial	n142
braquement	n248	braça	n64	burin, engraver's chisel	n66
brasse	n64	braquicefalia	n63	cacique, indian chief	n68
burén - plat où le pain de yucca été fait	n65	burén - prato onde se fais u pão de iúca	n65	cairn	n69
burin, ciselet, échoppe	n66	buril	n66	carved	n280
cacique, chef (d'une tribu)	n68	caça	n83	carved edge	n75
cairn	n69	cachimbo em argila	n244	cassava root	n299
calcaire	n70	cacique, chefe político	n68	catalogue	n82
campaniforme	n74	calcário	n70	cenotes	n85
capsule de temps	n76	campaniforme	n74	ceramic stamp	n242
caractérisques somatiques	n79	canoa, pirágua	n245	ceramic, pottery	n86
catalogue	n82	cápsula de tempo	n76	ceremonial element	n135
ceinture à pierre	n89	características somáticas	n79	chigoe flea, jigger	n212
ceinture monolithique	n90	caramujo (de mar)	n77	chronological ordering	n219

LEXICÓN POLIGLOTA DE ARQUEOLOGÍA

FRANÇAISE	Cherche le mot nombre	PORTUGUÊS	Procurar o vocábulo número	ENGLISH	Look for the word number
cemi - représentation de quelques uns taïno dieu	n84	cartografia	n80	chronology	n112
cénotes	n85	casco trincado	n81	circular search	n67
chaman	n56	casco, escama	n100	clan	n91
changement analogue	n71	catalogue	n82	clay pipes	n244
changement écologique	n72	cemi - representacão de algum dieu taïno	n84	clinker	n81
changement typologique	n73	cenote	n85	cognitive diagnostic complex	n97
chasse	n83	cerâmica	n86	collar stone	n89
chique	n212	cesteria	n87	concave	n99
chronologie	n112	chanfradura	n59	concretion	n146
chronologie absolue	n88	cinto de pedra	n89	contact period	n238
chronologie morphologique	n113	cinturão monolítico	n90	content of site	n104
chronologie relationnelle	n114	clasificação extrínseca	n94	context	n105
clan	n91	classificação cultural	n92	convergent	n107
classement culturel	n92	classificação de taxonimia	n95	convex	n108
classification d'une activité	n93	classificação d'uma atividade	n93	copper sheathing	n266

79

FRANÇAISE	Cherche le mot nombre	PORTUGUÊS	Procurar o vocábulo número	ENGLISH	Look for the word number
classification extrinsèque	n94	colheita	n257	core	n214
classification taxonomique	n95	complexo diagnóstico cognitivo	n97	cosmogony	n110
cœur	n214	complexo diagnóstico d'uma atividade	n98	cultural anthropology	n24
comodèle d'activité	n109	côncavo(a)	n99	cultural classification	n92
complexe diagnostique cognitif	n97	concha-rainha (Eustrombus gigas)	n78	cultural diagnostic	n125
complexe diagnostique d'une activité	n98	concheiro, amontoado de conchas	n101	cultural resources	n261
concave	n99	conservar, preservar	n103	cultural stratigraphy	n148
concrétion	n146	conteúdo d'uma jazida	n104	curator	n115
contenu d'un gisement	n104	contexto	n105	debitage	n191
contexte	n105	contexto arqueológico	n106	decay	n122
contexte archéologic	n106	convergente	n107	dendrochronology	n121
convergent	n107	convexo(a)	n108	dental anomalies	n19
convexe	n108	co-padrão d'atividade	n109	distal	n127
coquillage	n77	cosmogonia	n110	divergent	n128

LEXICÁN POLIGLOTA DE ARQUEOLOGÍA

FRANÇAISE	Cherche le mot nombre	PORTUGUÊS	Procurar o vocábulo número	ENGLISH	Look for the word number
cosmogonie	n110	crânio	n111	DNA - desoxyribonucleic acid	n5
couds à pierre	n96	cronologia	n112	document (to)	n129
courateur(trice)	n115	cronologia absoluta	n88	dogout canoe	n245
crâne	n111	cronologia morfologica	n113	dolmen, portal tomb, portal grave	n130
crénelage, rebord, suage	n256	cronologia relacional	n114	domesticate (to)	n131
cueillette	n257	curador(a)	n115	ecofact (biofact)	n133
datation absolue	n118	d.C.	n116	ecological adaptation	n3
datation isotopique	n160	datação absoluta (datação cronométrica)	n118	ecological anthropology	n25
datation par le radiocarbone	n161	datação isotópica	n160	ecological change	n72
datation radiométric	n119	datação por radiocarbono	n161	ecological niche	n211
datation relative	n117	datação radiométrica	n119	economic anthropology	n26
datation relative	n162	datação relativa	n117	ecosystem	n134
de parenté	n226	datação relativa	n162	edge, rim	n256
débitage	n191	de pilhagem	n270	educational anthropology	n27
découverte dans le marais	n123	decomposição	n122	embossed	n264

81

FRANÇAISE	Cherche le mot nombre	PORTUGUÊS	Procurar o vocábulo número	ENGLISH	Look for the word number
déformation du crâne	n120	déformação cranial	n120	endogamy	n136
dendrochronologie	n121	dendrocronologia	n121	ethnic group	n151
dépouillages archéologiques	n265	descobrimento em pântano	n123	ethnogenesis	n152
diagnostique culturel	n125	desgaste	n124	ethnographic reconstruction	n260
disciplines analytique	n126	diagnóstico cultural	n125	ethnography	n153
distal(e)	n127	disciplinas analíticas	n126	ethnology	n155
divergent	n128	distal	n127	etnohistory	n154
documenter	n129	divergente	n128	excavate, to dig	n158
dolmen	n130	documentar	n129	excavation	n157
dragage	n132	dólmen, orcas, arcas, palas, casas de mouros, fornos de mouros, pias	n130	excavation unit	n293
eau sumâtre	n7	domesticar	n131	exogamy	n159
écaille	n100	domicílio em estacas	n297	extrinsic classification	n94
ecofact	n133	dragagem	n132	fast (to)	n54
écosystème	n134	ecofato	n133	fathom	n64
élément cérémoniel	n135	ecossistema	n134	field methodology	n200
embossage	n264	elemento cerimonial	n135	fieldwork	n288

LEXICÓN POLIGLOTA DE ARQUEOLOGÍA

FRANÇAISE	Cherche le mot nombre	PORTUGUÊS	Procurar o vocábulo número	ENGLISH	Look for the word number
endogamie	n136	em relevo	n264	fieldwork methods	n201
engobe	n137	endogamia	n136	filigree	n163
entartrage, incrustation	n185	enxoval	n8	fishers and collectors	n239
enterrement	n142	escavação	n157	fitomorphic	n165
enterrement de bateau	n143	escavar	n158	flint, chert	n275
établissement	n51	esférico(a)	n144	frequency seriation	n167
ethnie	n151	esgrafiado	n145	frieze	n168
ethnogenèse	n152	espeleotema	n146	geologic stratigraphy	n149
ethnographie	n153	espreguiçadeira	n176	globular	n169
ethnohistoire	n154	estratégia analítica	n147	glottochronology	n170
ethnologie	n155	estratigrafia cultural	n148	gouge	n174
évolution linéale	n156	estratigrafia en sentido inverso	n150	GPS (global positioning system)	n171
exogamie	n159	estratigrafia geológica	n149	grave goods	n8
faire le jeûne	n54	etnogênese	n152	grid	n262
filigrane	n163	etnografia	n153	grinding slab	n190
fouille	n157	etnohistória	n154	hallucinogenics	n12
fouiller	n158	etnologia	n155	hallucitations	n11
foyer	n181	evolução lineal	n156	hammerstone	n234
fréquence de sériation	n167	exogamia	n159	hammock	n176

FRANÇAISE	Cherche le mot nombre	PORTUGUÊS	Procurar o vocábulo número	ENGLISH	Look for the word number
frise	n168	facer jejum	n54	harpoon	n40
galet aménagé	n75	filigrana	n163	harvest	n257
gisement archéologic	n298	filogenia; filogênese	n164	head deformation	n120
globulaire	n169	fitomórfico(a)	n165	hearth	n181
glottochronologie	n170	formão	n174	hemispheric	n177
gouge	n174	fosfeno	n166	high-relief	n10
GPS (géo-possitionement par satellite, systeme de possitionement mondial)	n171	fotomosaico	n208	historic	n180
grattoire, racloir	n255	freqüência de seriação	n167	historical archeaology	n43
gres	n172	friso	n168	hooks	n34
grille	n262	globular	n169	hunting	n83
groupe ethnique cultivé	n173	glotocronologia	n170	iconography	n182
hache en pierre	n175	GPS (sistema de posicionamento global)	n171	in situ (in place)	n184
hallucinations	n11	grade	n262	inlay	n185
hallucinogènes	n12	grês, grés	n172	interpretation	n187
hamac	n176	grupo étnico	n151	isomorphism	n189
hameçon	n34	grupo étnico instruído	n173	isotopic dating	n160

LEXICÓN POLIGLOTA DE ARQUEOLOGÍA

FRANÇAISE	Cherche le mot nombre	PORTUGUÊS	Procurar o vocábulo número	ENGLISH	Look for the word number
harpon	n40	hemisférico(a)	n177	kettle, pot, boiler	n218
haut-relief	n10	herança (legado) material	n192	kinship	n226
hémisphérique	n177	hipothése idade-área	n178	knapping	n279
héritage materiel	n192	história arqueológica	n179	late prehistoric	n250
histoire archéologie	n179	histórico(a)	n180	lead sheathing	n267
historique	n180	iconografia	n182	limestone	n70
hypothèse âge-région	n178	impermeabilizar, impermear	n183	linear evolution	n156
iconographie	n182	in situ (no lugar)	n184	linguistic anthropology	n28
impérmeabiliser	n183	incrustação	n185	literate ethnic group	n173
in situ (sur place)	n184	instituição d'atividade	n186	looting	n270
institution d'activité	n186	interpretação	n187	lower cretaceous period	n236
intendance	n4	isomorfismo	n189	magnetometer	n195
intreprétation	n187	iúca, mandioca	n299	mapping	n80
isomorphisme	n189	jazida arqueológica	n298	material legacy	n192
jarre, pot	n296	joelho de pedra	n96	matriarchal society	n276
lambi (Strombus gigas)	n78	laje de moer	n190	matrilineal	n198
lieu résidentiel	n194	lar	n181	medical anthropology	n29
lisser	n9	lascado	n191	midden	n101

85

FRANÇAISE	Cherche le mot nombre	PORTUGUÊS	Procurar o vocábulo número	ENGLISH	Look for the word number
locus d'activité	n193	lócus (lugar) residencial	n194	migration	n202
logement en pieu	n297	locus d'atividade	n193	mixed cultural assemblage	n139
magnétomètre	n195	machados de pedra	n175	mnemonic	n210
mapping (cartographie)	n80	magnetómetro	n195	monolithic collar	n90
maraca	n197	mamon, tumulus/ (pl.) tumuli	n291	monument, memorial	n205
marmite	n218	maraca	n197	morphological chronology	n113
matrilinéaire	n198	matrilinear	n198	morphology	n206
méthodologie du champ de recherche	n200	metodologia de campo	n200	mortar and pestle	n207
méthodologies du travail de terrain	n201	metodologias de pesquisa fora do laboratorio	n201	naborias - villagers who worked the land	n209
migration	n202	mexhilhão zebra	n199	natural selection	n272
mnémotechnique	n210	migração	n202	nautical archaeology	n44
model en treillis	n204	mnemônica	n210	Neolithic settlement pattern	n231
modèle	n229	modelo antropológico	n203	nitaino - nobles of the tribe	n213
modèle anthropologique	n203	modelo en treliça	n204	ogive, pointed-arch	n216
modèle d'activité	n230	moledros	n69	orography	n222

LEXICÓN POLIGLOTA DE ARQUEOLOGÍA

FRANÇAISE	Cherche le mot nombre	PORTUGUÊS	Procurar o vocábulo número	ENGLISH	Look for the word number
monument	n205	montagem	n138	paleoindian, paleoamerican	n223
morphologie	n206	montagem cultural misturado	n139	paleontologist	n225
mortier et pilon	n207	montagem d'uma atividade	n140	paleontology	n224
moule zébrée	n199	montagem morfologico transicional	n141	patriarchal society	n277
naborias - villageois qui travail sur le sol	n209	monumento	n205	patrilineal	n227
niche écologique	n211	morfologia	n206	patrilocalidad	n228
nitaino - nobles des tribus	n213	naborias - aldeãos que trabalhan na terra	n209	pattern	n229
offrandes de sacrifice	n215	nicho ecológico	n211	perforation, piercing	n235
ogive, tiers-point	n216	nitainos - nobres da tribo	n213	perishable artifact	n49
ordre	n271	núcleo, âmago	n214	pestle	n196
origin	n221	oferendas de sacrifício	n215	petroglyph	n240
orographie	n222	ogiva	n216	phosphene	n166
paléoamericain(ne)	n223	ordenamento cronológico	n219	photo mosaic	n208
paléontologie	n224	ordenamento do território	n220	phylogenetic ordering	n164
paléontologue	n225	origem, procêdencia	n221	pictogram	n241

87

FRANÇAISE	Cherche le mot nombre	PORTUGUÊS	Procurar o vocábulo número	ENGLISH	Look for the word number
patrilinéaire	n227	orografia	n222	pile dwelling	n297
patrilocalité	n228	padrão	n229	plate	n246
patron de recherche	n232	padrão d'assentamento neolítico	n231	plotter	n289
patron de relocalisation	n233	padrão d'atividade	n230	polisher	n252
patron d'établissement néolithique	n231	padrão de mudança	n233	political anthropology	n30
pêcheurs-collecteurs	n239	padrão de procura	n232	potter's wheel	n284
percuteur	n234	paleoamericano(a)	n223	pre-ceramic, pre-pottery	n247
perforation, piercing	n235	paleontologia	n224	prehistory	n249
periode crétace inferieur	n236	paleontólogo	n225	preservation	n102
periode crétace superieur	n237	paneta, marmita	n218	preserve (to)	n103
période de contact	n238	parentesco	n226	projectile point	n254
pétroglyphe	n240	patrilinear	n227	provenance	n221
phosphène	n166	patrilocalidade	n228	proximate	n251
photomosaïque	n208	paul	n292	queen conch (Strombus giga)	n78
phylogénie	n164	pedra de três ângulos	n290	radiocarbon dating	n161

LEXICÓN POLIGLOTA DE ARQUEOLOGÍA

FRANÇAISE	Cherche le mot nombre	PORTUGUÊS	Procurar o vocábulo número	ENGLISH	Look for the word number
phytomorphe	n165	pedra talhada	n75	radiometric dating	n119
pictogramme	n241	percutor	n234	reconstruction	n259
pierre des trois angles	n290	perfuração, pircingue	n235	relational chronology	n114
pierre plate de broyer	n190	período cretáceo (cretácico) inferior	n236	relative dating	n117
pillage	n270	período cretáceo (cretácico) superior	n237	relative dating	n162
pilon	n196	período de contato	n238	relief	n263
pipe d'argile	n244	pescadores-coletores	n239	relocation pattern	n233
pirogue	n245	pesquisa, investigação fora do laboratório	n288	residential locus	n194
pointe de flèche	n253	pesquisa, investigação sobmarina	n188	reverse stratigraphy	n150
pointe de projectile	n254	petróglifo	n240	rite	n268
polissoir	n252	pictograma	n241	riverine archaeology	n45
poterie	n86	pintadeira	n242	rock art	n243
pourriture	n122	pistilo	n196	sacrifice offerings	n215
pre-céramique	n247	polidora	n252	salvage archaeology	n42
préhistoire	n249	ponta a flecha	n253	scraper	n255
prehistorique tardif	n250	ponta de projétil	n254	search pattern	n232

89

FRANÇAISE	Cherche le mot nombre	PORTUGUÊS	Procurar o vocábulo número	ENGLISH	Look for the word number
préservation	n102	prato	n246	sequence	n271
préserver	n103	precerâmico	n247	seriation	n273
proximal(e)	n251	predisposição	n248	settlement	n51
rangement chronologique	n219	pré-história	n249	sextant	n274
recherche circulaire	n67	pre-histótico atrasado	n250	sgraffito	n145
reconnaissance aérien	n258	preservação	n102	shakers	n197
reconstruction	n259	procura circular	n67	shell, scale	n100
reconstruction ethnographique	n260	proximal	n251	shellfish, shell	n77
relief	n263	raspadeira, raspador	n255	ship burial	n143
ressources culturels	n261	rebordo, borda, moldura	n256	skull	n111
rêvetement de cuivre	n266	reconhecimento aéreo	n258	slash and burn	n269
rêvetement de plom	n267	reconstrução	n259	slip	n137
rite, rituel	n268	reconstrução etnografica	n260	somatique characteristics	n79
sambaqui, tas de coquillage	n101	recursos culturales	n261	spatial anchorage	n16
sélection naturelle	n272	relevo	n263	spherical	n144
sériation	n273	restos arqueológicos	n265	stewardship	n4

LEXICÓN POLIGLOTA DE ARQUEOLOGÍA

FRANÇAISE	Cherche le mot nombre	PORTUGUÊS	Procurar o vocábulo número	ENGLISH	Look for the word number
sextant	n274	revestimento de cobre	n266	stone axes	n175
sgraffite	n145	revestimento de promo	n267	stone elbow	n96
silex, pierre à feu, pierre de soleil	n275	rito	n268	stoneware	n172
société matriarcale	n276	roça e queimada	n269	straighten (to)	n9
société patriarcale	n277	roda de oleiro	n284	superior cretaceous period	n237
sphérique	n144	seleção natural	n272	Taínos - pre-Columbian inhabitants of the Antilles	n278
stratégie analytique	n147	sepultamento	n142	taxonomic classification	n95
stratigraphie au reverse	n150	sepultamento de navio	n143	territory zoning	n220
stratigraphie culturelle	n148	seqüência	n271	thermoluminiscence	n281
stratigraphie géologique	n149	seriação	n273	three angled rock	n290
taille líthique	n279	sextante	n274	time capsule	n76
taillé(e)	n280	sílex	n275	totem	n285
Taïnos - habitants pre-colombiennes des Antilles	n278	sociedade matriarcal	n276	totemic	n286

91

FRANÇAISE	Cherche le mot nombre	PORTUGUÊS	Procurar o vocábulo número	ENGLISH	Look for the word number
thermoluminescense	n281	sociedade patriarcal	n277	totemism	n287
timbres du corps	n242	taínos - habitantes pré-colombianos das Antilhas	n278	transitional morphological assemblage	n141
totem	n285	talha lítica	n279	tree of abundance	n35
totémique	n286	talhado(a)	n280	tree of life	n36
totémisme	n287	termoluminescência	n281	trellis model	n204
tour de potier	n284	tipología	n282	tumulus/(pl.) tumuli	n291
traceur des graphics	n289	tipologia de parentesco e matrimônio	n283	typological change	n73
travail de terrain	n288	totem	n285	typology	n282
trousseau	n8	totêmico	n286	typology of kinship and marriage	n283
tumulus, tertre	n291	totemismo	n287	Underwater archaeology	n46
turbière	n292	traçador de gráficas	n289	underwater investigation	n188
typologie	n282	troca (mudança) análoga	n71	uniface	n294
typologie de parentage et mariage	n283	troca (mudança) ecológica	n72	varve	n295
uniface	n294	troca (mudança) tipológica	n73	vessel	n296

LEXICÓN POLIGLOTA DE ARQUEOLOGÍA

FRANÇAISE	Cherche le mot nombre	PORTUGUÊS	Procurar o vocábulo número	ENGLISH	Look for the word number
unité de fouille	n293	unidade d'excavação	n293	Water dredge	n132
usure des surfaces	n124	uniface	n294	waterproof (to)	n183
vague	n217	vaga	n217	wave	n217
vannerie	n87	varva	n295	wear	n124
varve	n295	vasilha	n296	witch doctor, shaman	n56
verification sous-marine	n188	verniz, vidrado	n137	Zebra mussels	n199
yucca, manioc	n299	xamã	n56	zemi - representation of a taino god	n84
zoomorphisme	n300	zoomórfico	n300	zoomorphic	n300

93

Trabajos Citados / Trabalhos Citados
Travaux Cités / Cited Works

Alcina Franch, José. *Arqueólogos o Anticuarios.* Barcelona: Ediciones del Serbal, 1995.

Ceram, C. W. *Gods, Graves and Scholars: The story of Archaeology.* Segunda, revisada. Translated by E. B. Garside and Sophie Wilkins. Nueva York: Vintage Books, 1986.

Cottrell, Leonard. *Digs and Diggers: A Book of World Archaeology.* Segunda. Londres: Pan Books Ltd., 1970.

Criado Boado, Felipe. "Del terreno al espacio: planteamientos y perspectivas para la Arqueología del Paisaje." *CAPA: Cadernos de Arqueoloxía e Patrimonio*, 1999: 1-82.

Dacal Moure, Ramón, and David R. Watters. "Three Stages in the History of Cuban Archaeology." En *Dialogues in Cuban Archaeology*, por L. Antonio Curet, Shannon Lee Dawdy and Gabino La Rosa Corzo, 29-40. Tuscaloosa: University of Alabama Press, 2005.

Del Río, Antonio, and Paul Félix Cabrera. *Descripción de las ruinas de una ciudad antigua, descubierta cerca de Palenque, en el reino de Guatemala, en la América española.* Londres: H. Berhad, y Suttaby, Evans y Fox, 1822.

Demoule, Jean-Paul, Francois Giligny, Anne Lehoerff, and Alain Schnapp. *Guide des méthodes de l'archeologie.* París: Éditions La Découverte, 2005.

Fernández Martínez, Víctor M. *Teoría y método de la arqueología.* Segunda. Madrid: Editorial Síntesis, 2000.

Herkovits, Melville J. *Franz Boas: The Science of Man in the Making.* New York: Charles Scribner's Sons, 1953.

Hernández Godoy, Silvia Teresita, and María del C. Godoy Guerra. "El pensamiento científico decimonónico y los estudios arqueológicos en la isla de Cuba." *Gabinete de Arqueología* (Oficina del Historiador de la Ciudad de La Habana) 5, no. 5 (2006): 113-125.

Lévi-Strauss, Claude. *Myth and Meaning: cracking the code of culture.* Nueva York: Schocken Books, 1979.

López Luján, Leonardo. "El capitán Guillermo Dupaix y su Álbum Arqueológico de 1794." *Arqueología Mexicana*, 71-81.

Maudslay, Alfred Percival. "Palenque: Principal notices and descriptions of the ruins." En *Archaeology, Vol. 5*, 7. Nueva York: Milpatron Publishing Corp., 1974.

Meggers, Betty J. "Enfoque teórico para la evaluación de restos arqueológicos." *El Caribe Arqueológico*, 1997: 2-7.

Molina, Luis E. "Consideraciones sobre los conceptos operativos en la arqueología social: formación social, modo de producción, modo de vida, cultura" en *Hacia una Arqueología Social*. San José: Editorial Universidad de Costa Rica, 1988: 147-154.

Renfrew, Colin y Paul Bahn. *Arqueología: Teoría, Métodos y Prácticas*. Segunda. Traducido por María Jesús Mosquera Rial. Madrid: Ediciones Akal, 1998.

Rouse, Irving. *Introduction to Prehistory: A Systematic Approach*. Nueva York: McGraw-Hill Book Company, 1972.

Sanoja Obediente, Manuel, and Iraida Vargas Arenas. *Antiguas formaciones y modos de producción en Venezuela.* Caracas: Monte Ávila Editores, 1974.

UNESCO. "World Heritage Paper 14: Arqueología del Caribe y Convención del Patrimonio Mundial." *unesco.org*. Edited by Nuria Sanz. 2005. unesco.org/whc (accedido enero 20, 2009).

Willey, Gordon R. y Jeremy Sabloff. *A History of American Archaeology*. San Francisco: W. H. Freeman and Company, 1974.

Willey, Gordon R. y Phillip Phillips. *Method and Theory in American Archaeology*. Chicago: University of Chicago Press, 1958.

Wilson, Samuel M. "The Caribbean before European Conquest: A Chronology." En *Taíno: Pre-Columbian Art and Culture from the Caribbean*, editado por Fatima Bercht, Estrellita Brodsky, John Alan Farmer and Dicey Taylor, 15-17. Nueva York: The Monacelli Press, 1997.

Winchkler, Giovanna. "'Artefacto' e 'instrumento' en un diccionario de arqueología de base textual." *2do. Coloquio Latino Americano de Analistas del Discurso, 25-29 de agosto*. Buenos Aires-La Plata, 1997.

—. *Terminología del Análisis Lítico en Arqueología*. septiembre 2004. www.diccionario-lítico.com.ar (accessed marzo 29, 2007).

Wing, Elizabeth. "La adaptación humana a los medios ambientes de las Antillas." En *La cultura taína*, por Sociedad Estatal Quinto Centenario, 93-104. España: Turner Libros, S.A., 1993.

Wise, Karen. "The Americas: Andean State and Empires." En *The Atlas of World Archaeology*, editado por Paul Bahn, 178-179. Londres: The Brown Reference Group, plc, 2000.

Wise, Karen. "The Americas: Pre-civilizations of South America." En *The Atlas of World Archaeology*, editado por Paul Bahn, 176-177. Londres: The Brown Reference Group, plc, 2000.

—. "The Americas: The Inca Empire." En *The Atlas of World Archaeology*, editado por Paul Bahn, 180-181. Londres: The Brown Reference Group, plc, 2000.

Bibliografía / Bibliografia / Bibliographie / Bibliography

Akesson, Per. *Underwater Archaeology Glossary.* 1999. www.abc.se/~m10354/uwa/glossary.htm (accedido en enero 21, 2009).

Alcina Franch, José. "Antropología y marxismo". *Conferencia ofrecida en el verano de 1998.* La Habana: Centro Cultural de España, 1998.

—. "La cultura taína como sociedad en transición entre los niveles tribal y de jefaturas" en *La cultura taína*, por Comisión Nacional para la Celebración del V Centenario del Descubrimiento de América. Madrid: Turner Libros, S. A., 1983: 67-79.

Alcina Franch, José et als. *Diccionario de Arqueología.* Madrid: Alianza Editorial, S.A., 1998.

Alegría, Ricardo E. "An Introduction to Taíno Culture and History" en *Taíno: Pre-Columbian Art and Culture and History*, editado por Fatima Bercht, Estrellita Brodsky, John Alan Farmer y Dicey Taylor. Nueva York: The Monacelli Press, 1998: 18-33.

—. "Aspectos de la cultura de los indios taínos de las Antillas Mayores en la documentación etno-histórica" en *La cultura taína*, por Sociedad Estatal Quinto Centenario. España: Turner Libros, S.A., 1993: 117-136.

—. *El Instituto de Cultura Puertorriqueña, 1955-1973: 18 años contribuyendo a fortalecer nuestra conciencia nacional.* San Juan: Instituto de Cultura Puertorriqueña, 1973.

—. *Historia de nuestros indios: versión elemental.* Tercera, revisada. San Juan: Editorial del Departamento de Instrucción Pública, 1965.

Álvarez de la Paz, Orlando, Santiago F. Silva García y Leonardo Rojas Pérez. *Arqueología aborigen de la región central de Cuba: La industria de la piedra en volumen del yacimiento La Aurora.* septiembre 10, 2008. http://arqueologiaencabaigua.blogspot.com (accedido en enero 13, 2009).

Álvarez Nazario, Manuel. *Arqueología Lingüística: Estudios modernos dirigidos al rescate y reconstrucción del arahuaco taíno.* Reimpresión. San Juan: Editorial de la Universidad de Puerto Rico, 1999.

Anderson-Córdova, Karen F. "The Aftermath of Conquest: The Indians of Puerto Rico during the Early Sixteenth Century" en *Ancient Borinquen: Archaeology and Ethnohistory of Native Puerto Rico*, por Peter E. Siegel. Tuscaloosa: The University of Alabama Press, 2005: 337-352.

Archaeology: the NAS Guide to principles and practices. United Kingdom: Nautical Archaeology Society, 1992.

Arnáiz, Francisco José. "El mundo religioso taíno visto por la fe católica española" en *La cultura taína*, por Sociedad Estatal Quinto Centenario. España: Turner Libros, S.A., 1993: 137-152.

Arnold, Albert James. *A History of Literature in the Caribbean: Hispanic and Francophone Regions.* Amsterdam-Filadelfia: John Benjamins Publishing Company, 1994.

Arrom, José Juan. *Estudio de lexicología antillana.* Segunda. Río Piedras: Editorial de la Universidad de Puerto Rico, 2000.

—. "La lengua de los taínos: aportes lingüísticos al conocimiento de su cosmovisión" en *La cultura taína*, por Sociedad Estatal Quinto Centenario. España: Turner Libros, S.A., 1993: 53-66.

—. "The Creation Myth of the Taíno" en *Taíno: Pre-Columbian Art and Culture from the Caribbean*, editado por Fatima Bercht, Estrellita Brodsky, John Alan Farmer y Dicey Taylor. Nueva York: The Monacelli Press, 1997: 68-79.

Atlas of the World. Sexta. Washington, D.C.: National Geographic Society, 1990.

Bahn, Paul. *Dictionary of Archaeology.* Londres: Penguin Books Ltd., 2004.

___. "The Americas: Regional Introduction" en The Atlas of World Archaeology, editado por Paul Bahn. Londres: The Brown Reference Group, plc, 2000: 152-155.

Barfield, Thomas, ed. *Diccionario de Antropología.* Madrid: Siglo XXI de España Editores, S.A., 2007.

Barros Spencer, Walner. *Na Pista Dos Grandes Caçadores do Nordest.* octubre 17, 2008. www.scribd.com/dpc7009148/Walner-Spencer-Na-pista-Ds-Grandes-caCadores-Do-Nordeste (accedido en enero 12, 2009).

Bartra, Roger. *Marxismo y sociedades antiguas.* México: Grijalbo, 1975.

Benchimol, Rosalie Esther y Judith Santos Ferreira. "Projeto macrofósseis da região sudeste do Estado de Amazonas, fronteira com o Estado do Acre." *Congresso Brasileiro de Paleontologia, v.1.* Rio de Janeiro, 1987.

Benveniste, Emile. *Problemas de lingüística general.* Traducido por Juan Almela. México: Siglo Veintiuno, 1987.

Bercht, Fatima, Estrellita Brodsky, John Alan Farmer y Dicey Taylor (Editores). *Taíno: Pre-Columbian Art and Culture from the Caribbean.* New York: The Monacelli Press, 1997.

Bernárdez, Enrique. *¿Qué son las lenguas?* Madrid: Alianza Editorial, 2001.

Bloch, Marc. *The Historian's Craft.* Nueva York: Vintage Book, 1953.

Boas, Franz. "Introduction". En *General Anthropology*, editado por Franz Boaz, 1-8. Boston: D.C. Heath & Co., 1938.

Bohannan, Paul y Mark Glazer. *Antropología: lecturas.* Nueva York: McGraw Hill, 2007.

Carandini, Andrea. *Arqueología y cultura material.* Traducido por Sofía Noguera. Barcelona: Editorial Mitre, 1984.

Casares, Julio. *Diccionario ideológico de la lengua española.* Barcelona: Editorial Gustavo Gili, S.A., 1973.

Cavalli-Sforza, Luigi. *Genes, Peoples, and Languages.* Los Ángeles: University of California Press, 2000.

Centenario, Sociedad Estatal Quinto. *La cultura taína.* España: Turner Libros, S.A., 1993.

Ceram, C. W. *Gods, Graves and Scholars: The story of Archaeology.* Segunda, revisada. Traducido por E. B. Garside y Sophie Wilkins. New York: Vintage Books, 1986.

Chomsky, Noam. *Reflexiones sobre el lenguaje.* Barcelona: Planeta-Agostini, 1975.

Coll y Toste, Cayetano. "Los restos del lenguaje indo-antillano". *Repertorio Histórico de Puerto Rico* Año 1 (noviembre 1896): 51.

Collazo, Nelsonrafael. *Diccionario indígena.* Juana Díaz: Nelsonrafael Collazo Grau, s.f.

Corchado Juarbe, Carmen. *El indio en la poesía puertorriqueña desde 1847 hasta la generación del sesenta (Antología).* Segunda. Puerto Rico: First Book Publishing of P.R., 1994.

—. *El indio: su presencia en la poesía puertorriqueña.* Vol. 1. Santo Domingo: Editorial Corripio, C. por A., 1994.

Cottrell, Leonard. *Digs and Diggers: A Book of World Archaeology.* Segunda. Londres: Pan Books Ltd., 1970.

Criado Boado, Felipe. "Del terreno al espacio: planteamientos y perspectivas para la Arqueología del Paisaje" en *CAPA: Cadernos de Arqueoloxía e Patrimonio* (1999): 1-82.

Cuhna, Lúcio y Antonio Vieira. "Geomorfologia, património e atividades de lazer em espaços de montahna: Exemplo no Portugal Central". www.ci.uc.pt/cegc/pdfs/patrim.pdf (accedido en abril 28, 2009).

Daniel, Glyn. *Historia de la arqueología de los anticuarios a V. Gordon Childe.* Traducido por Miguel Rivera Dorado. Madrid: Alianza Editorial, S.A., 1967.

—. *The Idea of Prehistory.* Cleveland: The World Publishing Company, 1962.

Darville, Timothy. *Oxford Concise Dictionary of Archaeology.* Nueva York: Oxford University Press, 2003.

Davis, David E. *GIS for Everyone.* Nueva York: ESRI Press, 2003.

Deagan, Kathleen. "Colonial Transformation: Euro-American Cultural Genesis in the Early Spanish-American Colonies." *Journal of Anthropological Research* 52, no. 2 (1996): 135-160.

—. "Historical Archaeology". *Florida Museum of Natural History.* 2004. www.flmnh.ufl.edu/histarch/gallery_types (accedido en abril 7, 2008).

deFrance, Susan D. y Lee A. Newsom. "The Status of Paleoethnobiological Research on Puerto Rico and Adjacent Islands" en *Ancient Borinquen: Archaeology and Ethnohistory in Ancient Puerto Rico*, por Peter E. Siegel. Tuscaloosa: The University of Alabama Press, 2005: 122-184.

Deive, Carlos Esteban. "El chamanismo taíno" en *La cultura taína*, por Sociedad Estatal Quinto Centenario. España: Turner Libros, S.A., 1993: 81-92.

Demoule, Jean-Paul, Francois Giligny, Anne Lehoerff y Alain Schnapp. *Guide des méthodes de l'archéologie.* París: Éditions La Découverte, 2005.

Dewar, Elaine. *Bones: Discovering the First Americans.* Nueva York: Carroll & Graf Publishers, 2001.

Diccionario enciclopédico University de términos médicos. México: Nueva Editorial Interamericana S.A. de C.V., 1983.

Diccionario esencial VOX francés-español, español-francés. Barcelona: Bibliograf, S.A., 1998.

Domínguez, Lourdes S. y Pedro Paulo Funari. "Arqueología Social Latinoamericana: una mirada desde la historia de la ciencia" en *Compilación de textos de los principales exponentes de la Arqueología Social en Latinoamérica*, por Lourdes S. Domínguez González, Pedro P. Funari and Darwin A. Arduengo García. Brasil: Fundação de Amparo a Pesquisa do Estado de São Paulo, s.f.: 1-5.

Douglas, Mary. *Edward Evans-Pritchard.* Nueva York: The Viking Press, 1980.

Duany, Jorge. "Imperialistas reacios: los antropólogos norteamericanos en Puerto Rico, 1898-1950". *Revista del Instituto de Cultura Puertorriqueña*, 1987: 3-11.

Duke, Phillip. "The Americas. Bison Hunters of North America" en *The Atlas of World Archaeology*, editado por Paul Bahn. Londres: The Brown Reference Group, plc, 2000: 160-161.

—. "The Americas: North American Mound Builders" en *The Atlas of World Archaeology*, editado por Paul Bahn. Londres: The Brown Reference Group, plc, 2000: 162-163.

—. "The Americas: Pueblo Dwellers of the Southwest" en *The Atlas of World Archaeology*, editado por Paul Bahn. Londres: The Brown Reference Group, plc, 2000: 164-165.

Duke, Phillip, Geoffrey McCafferty y Karen Wise. "The Americas: Archaic Hunter-gatherers" en *The Atlas of World Archaeology*, editado por Paul Bahn. Londres: The Brown Reference Group, plc, 2000: 156-157.

Duke, Phillip, Geoffrey McCafferty y Karen Wise. "The Americas: Origins of Farming" en *The Atlas of World Archaeology*, editado por Paul Bahn. Londres: The Brown Reference Group, plc, 2000: 158-159.

Evans-Pritchard, Edward. "Social Anthropology". *archive.org.* 1951. www.archive.org (accedido en enero 29, 2009).

Fagan, Brian M. *The Oxford Companion to Archaeology.* Nueva York y Oxford: Oxford University Press, 1996.

Fatás, Guillermo y Gonzalo M. Borrás. *Diccionario de términos de arte y elementos de Arqueología, Heráldica y Numismática.* Séptima. Madrid: Alianza Editorial, S.A., 2005.

Fernández Colón, José. "Sin datos sobre piezas de Jácanas: El gobierno no sabe de su paradero ni las condiciones en que se encuentran". *El Nuevo Día*, agosto 8, 2008.

Figuereido, Paulo. *Dicionário de Termos Arqueológicos.* Lisboa: Prefacio-Edição de Livros e Revistas, Lta., 2004.

García Arévalo, Manuel A. "El murciélago en la mitología y el arte taíno" en *La cultura taína*, por Sociedad Estatal Quinto Centenario. España: Turner Libros, S.A., 1993: 105-116.

—. "The Bat and the Owl: Nocturnal Images of Death" en *Taíno: Pre-Columbian Art and Culture from the Caribbean*. Nueva York: Bercht, Fátima; Brodsky, Estrellita; Farmer, John Alan; Taylor, Dicey, 1997: 112-123.

García Canclini, Nestor. "Cultural Reconversion" en *On Edge: The Crisis of Contemporary Latin American Culture*, editado por George Yudice, Jean Franco and Juan Flores. Minneapolis: University of Minnesota Press, 1992: 29-44.

García Goyco, Osvaldo. *Arqueología, iconografía y mito: tres ensayos sobre los taínos.* Caguas: Ediciones Zuimaco, 2005.

"Glossary" en *The Atlas of World Archaeology*, editado por Paul Bahn. Londres: The Brown Reference Group, plc, 2000: 196-199

Granberry, Julian y Gary S. Vescelius. *Language of the Pre-Columbian Antilles.* Tuscaloosa: The University of Alabama Press, 2004.

Herkovits, Melville J. *Franz Boas: The Science of Man in the Making.* New York: Charles Scribner's Sons, 1953.

Iriarte Ahon, Mily Z. "Recognition of Native Languages in the Andean Community". *Alfa-redi: Revista de Cultura Tradicional.* marzo 2006. www.alfa-redi.com (accedido en junio 24, 2008).

Jiménez de Wagenheim, Olga. *Puerto Rico: An Interpretative History from Pre-Columbian Times to 1900.* Princeton: Markus Wiener Publishers, 1997.

Kantner, John. "Editor's Corner: Preservation vs. Self-Interest". *The SAA Archaeological Record* 4, no. 1 (enero 2004): 2.

Kass, León R. "Los desafíos del cientificismo sin alma". *aceprensa.com.* febrero 20, 2008. www.aceprensa.com/articulos/2008/feb/20/los-desafios-del-cientificismo-sin-alma (accedido en abril 21, 2009).

Keegan, William F. *Taíno Indian Myth and Practice.* Gainsville: University Press of Florida, 2007.

—. "Paradise Park 2002." *Caribbean Archaeology Home Page.* 2002. flmnh.ufl.edu (accedido en febrero 1, 2009).

Kellog, Michael. *WordReference.com.* www.wordreference.com (accedido en 2008-2009).

Koppel, Tom. *Lost World: Rewriting Prehistory - How New Science is Tracing America's Ice Age Mariners.* Nueva York: Atria Books, 2003.

Lowie, Robert H. *The History of Ethnological Theory.* Nueva York: Holt, Rinehart and Winston, 1937.

Luna Calderón, Fernando. "Paleopatología de los grupos taínos de la Hispaniola" en *La cultura taína*, por Sociedad Estatal Quinto Centenario. España: Turner Libros, S.A., 1993: 165-174.

McCafferty, Geoffrey. "The Americas: Classic Highland Civilizations" en *The Atlas of World Archaeology*, editado por Paul Bahn. Londres: The Brown Reference Group, plc, 2000: 168-169.

—. "The Americas: Formative Period of Mesoamerica" en *The Atlas of World Archaeology*, editado por Paul Bahn. Londres: The Brown Reference Group, plc, 2000: 166-167.

—. "The Americas: Maya States of Central America" en *The Atlas of World Archaeology*. Londres: The Brown Reference Group, plc, 2000: 170-171.

—. "The Americas: The Aztecs of Central Mexico" en *The Atlas of World Archaeology*, editado por Paul Bahn, 174-175. Londres: The Brown Reference Group, plc, 2000.

—. "The Americas: The Postclassic Transformation" en *The Atlas of World Archaeology*, editado por Paul Bahn. Londres: The Brown Reference Group, plc, 2000: 172-173.

McMillon, Bill. *The Archaeology Handbook: A Field Manual and Resource Guide.* Nueva York: John Wiley & Sons, Inc., 1991.

Mitchel, Andy. *The ESRI Guide to GIS Analysis.* Vol. 1. Redlands: ESRI Press, 1999.

—. *The ESRI Guide to GIS Analysis.* Vol. 2. Redlands: ESRI Press, 2005.

Molina, Luis E. "Consideraciones sobre los conceptos operativos en arqueología social: formación social, modo de producción, modo de vida, cultura" en *Hacia una Arqueología Social*. San José: Editorial Universidad de Costa Rica, 1988: 147-154.

Mongne, Pascal y Philippe Marquis. *Dictionnaire de l'Archéologie.* Saint-Armand-Montrond: Larousse, 2008.

Nova, Ignacio. "Centenario. Lévi-Strauss: El escepticismo llega con la edad". *listindiario.com.* enero 5, 2008. http://www.listindiario.com/la-vida/2008/1/4/43047/Levi-Strauss-El-escepticismo-llega-con-la-edad (accedido en abril 20, 2009).

Oliver, José R. "The Proto-Taíno Monumental Cemís of Caguana: A Political-Religious 'Manifesto'" en *Ancient Borinquen: Archaeology and Ethnohistory in Native Puerto Rico*, por Peter E. Siegel. Tuscaloosa: The University of Alabama Press, 2005: 230-284.

Orefice, Giuseppe Alberto. *The Avon Five Language Dictionary.* Italy: Avon Books, 1974.

Orton, Clive. *Sampling in Archaeology.* Cambridge: Cambridge University Press, 2000.

Pantel, Agamemnon Gus. "Orígenes y definiciones de la cultura taína, sus antecedentes tecnológicos en el precerámico" en *La cultura taína*, por Sociedad Estatal Quinto Centenario. España: Turner Libros, S.A., 1993: 11-16.

Petit Larousse Illustré. París: Librairie Larousse, 1973.

Petitjean Roget, Jacques. "Les Caraïbes vus a travers le dictionnaire du R. P. Breton". *1er Congreso de la Asociación Internacional de Arqueólogos Caribeñistas.* Martinique: IACA, 1964. 49 & 76.

Press, The Associated. "Evalúan traslado de piezas arqueológicas: El Consejo para la Protección del Patrimono Arqueológico Terrestre evalúa piezas recuperadas en yacimiento indígena de Jácanas". *WAPA TV/Noticias.* San Juan, julio 20, 2008.

Prieto, Carlos. *Cinco mil años de palabras.* Segunda. México, D.F.: Fondo de Cultura Económica, 2007.

Querol, María de los Ángeles. *De los primeros seres humanos.* Segunda. Madrid: Editorial Síntesis, S.A., 1994.

Rachet, Guy. *Dictionnaire de l'Archéologie.* París: Édition Robert Laffont, S.A., 2004.

Renfrew, Colin y Paul Bahn. *Archaeology. The Key Concepts.* Londres: Routledge, 2005.

—. *Archaeology: Theories, Methods and Practice.* Cuarta. Londres: Thames & Hudson, 2004.

—. *Arqueología: Teoría, Métodos y Prácticas.* Segunda. Traducido por María Jesús Mosquera Rial. Madrid: Ediciones Akal, 1998.

Rivera Dorado, Miguel y Ma. Cristina Vidal Lorenzo. *Arqueología americana.* Madrid: Editorial Síntesis, S.A., 1994.

Rivero de la Calle, Manuel. "Antropología física de los taínos" en *La cultura taína*, por Sociedad Estatal Quinto Centenario. España: Turner Libros, S.A., 1993: 153-164.

Robiou Lamarche, Sebastián. *Mitología y religión de los Taínos.* San Juan: Editorial Punto y Coma, 2006.

—. *Taínos y Caribes: Las culturas aborígenes antillanas.* Primera reimpresión. San Juan: Editorial Punto y Coma, 2005.

Rodríguez Ramos, Reniel. "The Crab-Shell Dichotomy Revisited: The Lithic Speak Out" en *Ancient Borinquen: Archaeology and Ethnology of Native Puerto Rico*, por Peter E. Siegel. Tuscaloosa: The University of Alabama Press, 2005: 1-54.

Roe, Peter G. "Rivers of Stone, Rivers within Stone: Rock Art in Ancient Puerto Rico" en *Ancient Borinquen: Archaeology and Ethnohistory in Native Puerto Rico*, por Peter E. Siegel. Tuscaloosa: The University of Alabama Press, 2005: 285-336.

—. "Just Wasting Away: Taíno Shamanism and Concepts of Fertility". En *Taíno: Pre-Columbian Art and Culture and History*, editado por Fatima Bercht, Estrellita Brodsky, John Alan Farmer y Dicey Taylor. Nueva York: The Monacelli Press, 1997: 124-157.

Rouse, Irving. *Introduction to Prehistory: A Systematic Approach.* New York: McGraw-Hill Book Company, 1972.

—. "La frontera taína, su prehistoria y sus precursores". En *La cultura taína*, por Sociedad Estatal Quinto Centenario. España: Turner Libros, S.A., 1993: 27-38.

—. *Rise and Decline of the People Who Greeted Columbus.* New Haven: Yale University Press, 1992.

Ruhlen, Merritt. *A Guide to the World's Languages.* Standford: Standford University Press, 1991.

Sanoja Obediente, Manuel, and Iraida Vargas Arenas. *Antiguas formaciones y modos de producción en Venezuela.* Caracas: Monte Ávila Editores, 1974.

Sainz de Robles, Federico Carlos. *Ensayo de un diccionario español de sinónimos y antónimos.* Madrid: Aguilar, 1976.

Selected Archaeological Terms. noviembre 25, 2008. www.nps.gov/history/seac/terms.htm (accedido en febrero 25, 2009).

Shaw, Ian y Robert Jameson. *A Dictionary of Archaeology.* Segunda. Oxford: Blackwell Publishing, 2002.

Shermer, Michael. *The Shamans of Scienticism.* junio 2002. http://www.michaelshermer.com/2002/06/shamans-of-scientism/ (accedido en enero 20, 2009).

Siegel, Morris. "Un pueblo puertorriqueño". *Revista de Ciencias Sociales (nueva época)*, no. 6 (enero 1999): 256-294.

Siegel, Peter E. *Ancient Borinquen: Archaeology and Ethnohistory of Native Puerto Rico.* Tuscaloosa: The University of Alabama Press, 2005.

___. "Environmental and Cultural Correlates in the West Indies: A view from Puerto Rico" en Ancient Borinquen: Archaeology and Ethnohistory of Native Puerto Rico, por Peter E. Siegel. Tuscaloosa: The University of Alabama Press, 2005: 88-121.

___. "Multiple Visions of and Island's Past and Some Thoughts for Future Directions in Puerto Rican Prehistory" en Ancient Borinquen: Archaeology and Ehtnohistory of Native Puerto Rico, por Peter E. Siegel. Tuscaloosa: The University of Alabama Press, 2005: 353-364.

Silén, Juan Ángel. *Oubao-Moin: cuentos para niños.* Río Piedras: Editorial Cultural, Inc., 1977.

Stevens-Arroyo, Antonio M. *Cave of the Jagua: The Mythological World of the Taínos.* Scanton: University of Scranton Press, 2006.

Stokes, Anne V. "Ceramic-Age Dietary Patterns In Puerto Rico: Stable Isotopes and Island Biogeography" en *Ancient Borinquen: Archaeology and Ethnohistory in Ancient Puerto Rico*, por Peter E. Siegel. Tuscaloosa: The University of Alabama Press, 2005: 185-201.

Terrence Gordon, W., y Abbe Lubell. *Ferdinand de Saussure para principiantes.* Buenos Aires: Era Naciente SRL, 2000.

Toro y Gisbert, Miguel de. *Larousse Dictionnaire Francais-Espagnol, Espagnol-Francais.* Bélgica: Librairie Larousse, 1994.

Torres, Joshua M. "Deconstructing the Polity: Communities and Social Landscapes of the Ceramic-Age People of South Central Puerto Rico" en *Ancient Borinquen: Archaeology and Ethnohistory of Native Puerto Rico*, por Peter E. Siegel. Tuscaloosa: The University of Alabama Press, 2005: 202-229.

UNESCO. "World Heritage Paper 14: Arqueología del Caribe y Convención del Patrimonio Mundial." unesco.org. Editado por Nuria Sanz. 2005. unesco.org/whc (accessado enero 20, 2009).

Veloz Maggiolo, Marcio. "Para una definición de la cultura taína" en *La cultura taína*, por Sociedad Estatal Quinto Centenario. España: Turner Libros, S.A., 1993: 17-26.

VOX New College Spanish and English Dictionary. Chicago: Editors of the National Textbook Company, 1984.

Wade, Nicholas, ed. *The New York Times. The Science Times Book of Archaeology.* Nueva York: The Lyons Press, 1999.

Walker, Jeff. "The Paso del Indio Site, Vega Baja, Puerto Rico: A progress report". En *Ancient Borinquen: Archaeology and Ethnohistory of Native Puerto Rico*, por Peter E. Siegel. Tuscaloosa: The University of Alabama Press, 2005: 55-87.

Walker, Jeffrey. "Taino Stone Collar, Elbow Stones, and Three Pointers". En *Taíno: Pre-Columbian Art and Culture from the Caribbean*, editado por Fatima Bercht, Estrellita Brodsky, John Alan Farmer y Dicey Taylor. Nueva York: The Monacelli Press, 1997: 80-91.

Webster's New Collegiate Dictionary. Springfield, Mass.: G & C Merriam Company, 1976.

Wheatley, David y Mark Gillings. *Spatial Technology and Archaeology: The Archaeological Application of GIS.* Boca Ratón: Taylor & Francis, 2002.

Willey, Gordon R., y Jeremy A. Sabloff. *A History of American Archaeology.* San Francisco: W.H. Freeman and Company, 1974.

Willey, Gordon R. y Phillip Phillips. *Method and Theory In American Archaeology.* Chicago: University of Chicago Press, 1958.

Williams, Raymond. *Marxism and Literature.* Nueva York: Oxford University Press, 1977.

Wilson, Samuel M. *The archaeology of the Caribbean.* Cambridge: Cambridge University Press, 2007.

Winchkler, Giovanna. "'Artefacto' e 'instrumento' en un diccionario de arqueología de base textual". *2do. Coloquio Latinoamericano de Analistas del Discurso, 25-29 de agosto.* Buenos Aires-La Plata, 1997.

—. *Terminología del Análisis Lítico en Arqueología.* septiembre 2004. www.diccionario-lítico.com.ar (accedido en marzo 29, 2007).

Wing, Elizabeth. "La adaptación humana a los medios ambientes de las Antillas". En *La cultura taína*, por Sociedad Estatal Quinto Centenario. España: Turner Libros, S.A., 1993: 93-104.

Wise, Karen. "The Americas: Andean State and Empires". En *The Atlas of World Archaeology*, editado por Paul Bahn. Londres: The Brown Reference Group, plc, 2000: 178-179.

SOBRE LA AUTORA
À PROPOS DE L'AUTEUR
SOBRE A AUTORA
ABOUT THE AUTHOR

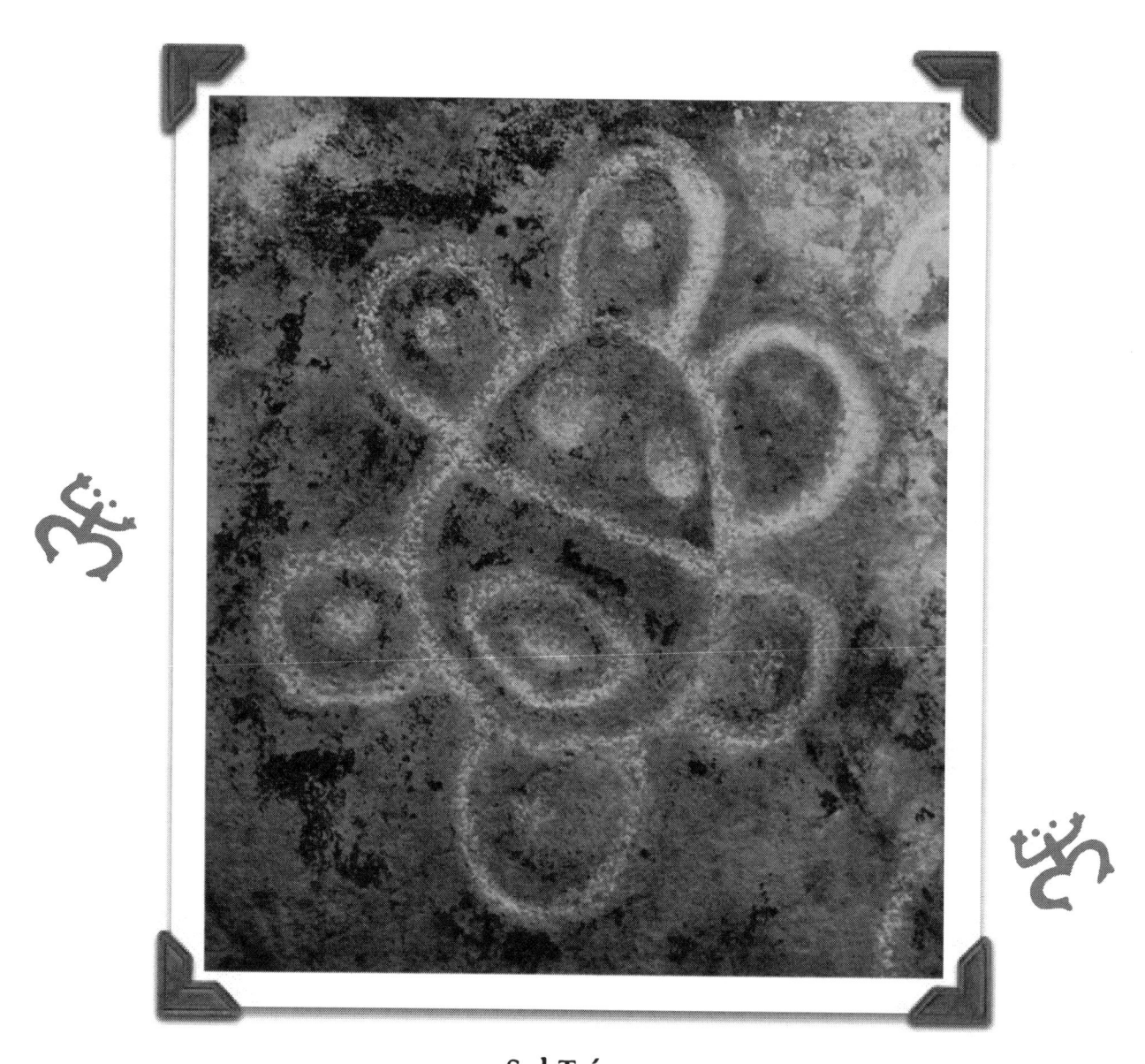

Sol Taíno
Soleil Taïno
Sol Taíno
Tainan Sun

Nancy R. Santiago Capetillo, Ph.D

Nancy R. Santiago Capetillo obtuvo el Doctorado en Historia de Puerto Rico y el Caribe y la Maestría en Estudios Puertorriqueños del Centro de Estudios Avanzados de Puerto Rico y el Caribe, donde también ha realizado cursos en Arqueología. Ha participado de arqueología de campo en áreas cercanas al Río Cagüitas de Caguas, Puerto Rico. Estudió su Maestría en Traducción en la Universidad de Puerto Rico y es traductora e intérprete profesional. Esta experiencia y su interés en la arqueología la llevó a compilar el *Lexicón Políglota de Arqueología*, un diccionario de referencia rápida que facilita la comunicación y el trabajo entre los profesionales de la arqueología. Su destreza como autora ha sido reconocida en certámenes de cuento corto y poesía. En su vida personal y de forma autodidacta, se ha especializado en el Trastorno de Déficit de Atención e Hiperactividad y provee talleres para padres, maestros, profesionales de la salud y personas con la condición. Publicó un manual de organización del hogar titulado *Mi bebé no trajo instrucciones*, cuya segunda tirada, esta vez bilingüe, ya se encuentra en imprenta.

¡Síguenos en Facebook!
Suivre nous a Facebook! / Siga nós em Facebook! / Follow us at Facebook!
facebook.com/caballero.editores

¡Síguenos en Twitter!
Suivre nous a Twitter! / Siga nós em Twitter! / Follow us at Twitter!
twitter.com/caballero_edit

CABALLERO EDITORES

Lexicón Políglota de Arquelogía está disponible en formato electrónico / eBook y en formato impreso / Papel. Para comunicarse con este autor o para información sobre Caballero Editores, puede escribir a: caballero.editores@gmail.com

Le Lexicon Poliglotte d'Archéologie est disponible en format electronique / eBook et dans le format imprimé / papier. Pour ce communiquer avec cette auteur ou pour information sur Caballero Editores, vous pouvez écrire à: caballero.editores@gmail.com

O Lexicon Poliglota de Arqueologia está disponível em formato eletrônico / eBook e em formato impresso / papel. Para se comunicar com esta autora o para informação sobre Caballero Editores, você pode escrever a: caballero.editores@gmail.com

The Multilingual Lexicon of Archaeology is available in electronic format / eBook and printed / in paper. To contact this author or for information about Caballero Editores, you can write to: caballero.editores@gmail.com

Made in the USA
Columbia, SC
09 August 2021